感谢江西省社会科学基金年度项目(24YJ45D)"长江中游城市群新质生产力发展水平的多维评价与优化提升"对本书的资助

长江中游城市群
生产性服务业空间分工及效应

孙 克◎著

江西人民出版社
Jiangxi People's Publishing House
全国百佳出版社

图书在版编目（CIP）数据

长江中游城市群生产性服务业空间分工及效应 / 孙克著. -- 南昌：江西人民出版社，2024. 12. -- ISBN 978-7-210-15788-5

Ⅰ. F726.9

中国国家版本馆 CIP 数据核字第 2024HM6759 号

长江中游城市群生产性服务业空间分工及效应
CHANGJIANG ZHONGYOU CHENGSHI QUN SHENGCHANXING FUWUYE KONGJIAN FENGONG JI XIAOYING

孙　克　著

责 任 编 辑：徐　旻
封 面 设 计：回归线视觉传达

江西人民出版社 出版发行

地　　　　址	江西省南昌市三经路47号附1号（邮编：330006）
网　　　　址	www.jxpph.com
电 子 信 箱	jxpph@tom.com
编辑部电话	0791-88629871
发行部电话	0791-86898815
承　印　　厂	北京虎彩文化传播有限公司
经　　　　销	各地新华书店
开　　　　本	720毫米×1000毫米　1/16
印　　　　张	9.25
字　　　　数	106千字
版　　　　次	2024年12月第1版
印　　　　次	2024年12月第1次印刷
书　　　　号	ISBN 978-7-210-15788-5
定　　　　价	48.00元

赣版权登字-01-2024-827

版权所有　侵权必究

赣人版图书凡属印刷、装订错误，请随时与江西人民出版社联系调换。
服务电话：0791-86898820

前　言

"生态优先,绿色发展"已成为区域发展的共识,是区域经济产业选择的重要原则。在国民生态环保意识日益增强和建设生态文明已成为国家战略的背景下,地方政府选择主导产业时,生态产业已是必然选择,生态产业成为国民经济发展新的增长点已是大概率事件。因而,对生态产业的发展特点和演变规律进行研究,具有重要的理论意义和现实意义,可以为区域可持续发展政策的制定提供科学依据。

生产性服务业是为生产者提供中间投入服务的产业,与传统的产业相比具有低污染、低消耗、高知识密集、高效益和高附加值等特点,属于典型的绿色生态产业。无论中央还是地方在制订区域或产业发展规划时,生产性服务业都因其良好的生态环境经济效应受到普遍关注。大力发展生产性服务业,已成为中央和地方的共识,已成为构建城市生态产业体系、发展生态经济的重要内容,已成为建设资源节约型和环境友好型社会的重要产业支撑。

本书以长江中游城市群28个地级以上城市为研究对象,建立了生产性服务业空间分工、效应和影响的综合集成研究框架,通过计算2003—2014年长江中游城市群生产性服务业的城市相对专业化指数、城市间相对专业化指数、行业相对专业化指数、行业地方化指数和规模集聚指数来分析该区域生产性服务业空间分工特点、集聚模式和发展趋势;然后从规模和结构两个方面计算生产性服务业的6个细分行业12年间(2003—2014年)的空间自相关指数(Moran's I),在此基础上进一步分析不同距离阈值下Moran's I的变化特征,从而确定生产性服务业发展产生的空间效应的有效影响范围;最后采用空间面板模型和地理加权回归模型,对生产性服务业影响因素、生产性服务业对制造业的影响及其发展对环境的影响等3个方面进行计量分析,从而厘清"生产性服务业-制造业-环境"三者之间的关系,力图较全面地描绘生产性服务业影响的特征全貌。

本书主要结论为:(1)空间分工方面。长江中游城市群生产性服务业的相对专业化程度总体水平较低,呈现多样化特征;每个城市都有1—3个专业化程度较高的产业,不同产业在不同城市受到的重视程度差异较大;区域中心城市(南昌、武汉和长沙)之间及区域中心城市和其他城市之间的相对专业化指数较低,城市间生产性服务业专业化分工合作不足,竞争大于合作。(2)空间效应方面。长江中游城市群生产性服务业发展存在明显的"核心-外围"格局,从而导致生产性服务业发展的空间效应主要表现为虹吸效应,且虹吸效应在250千米范围内最明显。(3)发展影响方面。制造业发展水平、工资水平和信息化水平是影响生产性服务业规模发展的主要因素,周边城市人口规模、制造业发展水平和信息化水平的变化对本地生产性服务业规模发展具有显著影响,生产性服务业的规模发展存在显著的负向空间溢出效应;人口规模、制造业发展水平、政府控制力和工资水平4个因素是影响生产性服务业分工发展的主要因素,周边城市的对外开放水平和经济发展水平的变化对本地生产性服务业的专业分工发展具有显著影响;生产性服务业的规模扩张对制造业发展具有显著的正向促进作用,而其分工发展水平对制造业发展的影响不显著,但周边城市的分工发展水平对本地制造业发展具有显著的负向消极影响,周边城市的政府控制力和工资水平会通过空间传导机制对本地制造业发展产生影响,制造业发展存在明显的正向的空间溢出效应;生产性服务业的规模发展对环境有显著的改善作用;生产性服务业影响存在空间异质性。

本书在末章中提出有关政策建议,认为长江中游城市群在发展生产性服务业时应注重发挥比较优势,避免产业同构,注重产业升级转型,降低虹吸效应影响,统筹规划区域发展政策,摈弃"一刀切"政策思路,因城因地制策施策。

目 录

第1章 绪 论 ··· 1

1.1 选题依据及研究意义 ·· 1

1.2 国内外研究进展 ·· 3

1.2.1 生产性服务业研究进展 ·· 3

1.2.2 空间计量经济学相关研究进展 ···································· 8

1.3 研究区域概况 ·· 12

1.3.1 地理位置和范围 ·· 12

1.3.2 自然概况 ·· 12

1.3.3 经济社会概况 ··· 13

1.3.4 生产性服务业发展概况 ·· 14

1.3.5 水域生态环境概况 ··· 15

1.4 研究思路和结构安排 ·· 16

1.4.1 研究思路 ·· 16

1.4.2 结构安排 ·· 18

第2章 数据来源和研究方法 ··················· 20
2.1 生产性服务业的行业界定 ················· 20
2.2 数据来源 ···························· 20
2.3 生产性服务业分工水平测算模型 ············· 21
2.3.1 城市相对专业化指数 ················ 22
2.3.2 行业相对专业化指数 ················ 23
2.3.3 城市间相对专业化指数 ··············· 23
2.3.4 行业地方化指数 ··················· 24
2.3.5 规模集聚指数 ···················· 25
2.4 生产性服务业空间自相关模型 ··············· 25
2.5 生产性服务业空间面板计量模型 ·············· 27
2.5.1 空间面板模型的设定 ················ 27
2.5.2 模型选择和检验 ··················· 29
2.5.3 直接效应和间接效应 ················ 30
2.6 生产性服务业地理加权回归计量模型 ············ 31

第3章 生产性服务业的空间分工特征 ·············· 32
3.1 长江中游城市群生产性服务业的城市相对专业化特征 ······································· 32
3.2 长江中游城市群生产性服务业的行业相对专业化特征 ······································· 36
3.3 长江中游城市群区域中心城市与其他城市间的生产性服务业相对专业化特征 ····················· 43

3.4 长江中游城市群生产性服务业地方化特征 …………… 48
3.5 长江中游城市群生产性服务业集聚特征 ……………… 50
3.6 小结 …………………………………………………… 54

第4章 生产性服务业的空间效应 …………………………… 55
4.1 空间相关性结果及分析 ………………………………… 57
4.2 空间效应影响范围分析 ………………………………… 65
4.3 小结 …………………………………………………… 68

第5章 生产性服务业影响的空间面板分析 ………………… 74
5.1 生产性服务业影响因素的空间计量分析 ……………… 78
 5.1.1 生产性服务业规模影响因素分析 ………………… 79
 5.1.2 生产性服务业结构(分工专业化)影响因素分析 …… 86
5.2 生产性服务业对制造业影响的空间计量分析 ………… 89
5.3 生产性服务业对环境影响的空间计量分析 …………… 95
5.4 小结 …………………………………………………… 103

第6章 生产性服务业影响的空间异质性分析 ……………… 105
6.1 生产性服务业影响因素的空间异质性分析 …………… 105
6.2 生产性服务业对制造业影响的空间异质性分析 ……… 107
6.3 生产性服务业对环境影响的空间异质性分析 ………… 108

第 7 章　结论和讨论 ·· 110
7.1 结论 ··· 110
7.2 不足 ··· 111
7.3 讨论和建议 ·· 112

参考文献 ··· 116

第1章 绪 论

1.1 选题依据及研究意义

党的十八大以来,以习近平同志为核心的党中央把生态文明建设作为关系中华民族永续发展的根本大计,坚持绿水青山就是金山银山的理念,开展了一系列根本性、开创性、长远性工作,美丽中国建设迈出重要步伐,推动我国生态环境保护发生历史性、转折性、全局性变化。自 2012 年至今,我国淘汰落后和化解过剩产能钢铁约 3 亿吨,淘汰老旧和高排放机动车辆超过 3000 万辆;我国建成涵盖 8 万个点位的国家土壤环境监测网络;我国城市黑臭水体基本消除,群众饮水安全得到有效保障;全国重点城市 $PM_{2.5}$ 平均浓度下降了 56%,重污染天数减少了 87%,我国成为全球大气质量改善速度最快的国家;我国森林面积增长了 7.1%,成为全球"增绿"的主力军……这些数据充分表明生态意识已上升为国家意识,生态文明建设已成为关系中华民族永续发展的根本大计。

要建设好生态文明,发展生态经济是必由之路。要发展生态经济,就必须选择资源消耗少、环境影响小的产业作为主导或支撑产业。

生产性服务业是为生产者提供中间投入服务的产业,与传统的产业相比具有低污染、低消耗、高知识密集、高效益和高附加值等特点,属于典型的绿色生态产业。无论中央还是地方在制订区域或产业发展规划时,生产性服务业都因其良好的生态环境经济效应受到普遍关注。大力发展生产性服务业,已成为中央和地方的共识,已成为构建城市生态产业体系、发展生态经济的重要内容,已成为建设资源节约型和环境友好型社会的重要产业支撑。

目前,有关生产性服务业的研究,从研究区域来看,大多局限于单个城市群(都市圈)生产性服务业的分工或集聚研究(张旺等,2012;李佳洺等,2014),多个城市群(都市圈)的跨区域研究还比较鲜见;从研究方法来看,大多采用文献梳理、现象描述和问卷调查等定性方法,或利用简单的统计方法定量测算集聚和分工指标(席强敏等,2015),而少有采用计量经济学方法进行影响分析,采用空间计量经济学方法进行研究更是少见;从研究内容来看,大多研究或只关注生产性服务业的空间分工特点,或只关注其效应形式,或只关注其影响因素,缺少对其进行空间分工、效应和影响的综合集成研究。因此,对于生产性服务业的研究,亟须在研究区域、研究方法和研究内容上进行拓展、创新和综合,变单区域研究为跨区域研究,变简单定性定量研究为综合定性定量研究,变传统计量研究为空间计量研究,变单项研究为综合集成研究。这种研究区域、方法和内容上的深化改进与细化集成,可以在一定程度上丰富和发展生态经济产业理论,具有理论探索意义。

2015年4月,国家层面出台《长江中游城市群发展规划》,对长江中游城市群的定位之一就是"两型社会"建设引领区,希望能为全国"两型社会"和生态文明建设积累经验、提供样板。同时,《长江中游城市群发展规划》进一步指出长江中游城市群要坚持生态优先,走绿色发展、低碳发展和循环发展的可持续发展道路,成为中国生态经济版图中具有重要影响力的生态型城市群;要构建多中心协调发展格局,引领带动三大都市圈或城市群(武汉城市圈、环长株潭城市群、环鄱阳湖城市群)的协调互动发展,促进区域发展一体化,成为中国经济新的增长极。要生态优先,构建生态型城市群,就必须选择并大力发展生态型产业;要协调发展,成为中国经济新的增长极,就必须坚持产业协调(分工与合作协调有序)发展这一关键。生产性服务业在生态产业体系中占有很大比重,具有重要地位,其在长江中游城市群区域产业结构布局中是否合理有序,直接关系到区域产业发展是否协调有序,而区域产业发展协调有序与否,又会影响到整个区域发展目标的实现。因此,对长江中游城市群区域生产性服务业的空间分工、效应和影响进行综合集成研究,准确把握其内在的发展特点和规律,具有非常重要的现实意义,主要体现在:一是可以为该区域制订和调整生产性服务业的发展规划和政策提供科学依据;二是可以为区域产业合理布局、一体化发展和可持续发展提供科学指导。

1.2 国内外研究进展

1.2.1 生产性服务业研究进展

生产性服务业(Producer Services)一词,最早是由美国学者 Greenfield H.(1966)在研究服务业分类时提出的产业概念,其认为生产性服务业是为生产者提供中间投入服务的产业,是产业分工和专业化不断深入发展的产物,本质就是服务外部化和市场化。之后,伴随着世界经济发展核心动力和创新来源由制造业逐步转换为生产性服务业,国内外学者开始关注生产性服务业,并对其进行了大量卓有成效的研究。

从20世纪80年代开始,西方学者对生产性服务业的研究主要集中在对区域经济发展影响、产业区位选择、产业互动发展、空间重构、空间分工和集聚特征等5个方面。

(1)在对区域经济发展影响方面,许多研究表明发展生产性服务业对区域经济发展具有重要意义。如 Kim(1987)、Forstall(1997)和 Bryson(1998)认为发展生产性服务业可以增加地区就业;Sassen(1991)、Macpherson(1997)、Lindahl(1999)和 Wood(2006)认为生产性服务业可以增强区域竞争力和创新能力,是地区发展的关键要素和核心竞争力;Gilmer(1990)、Drennan(1992)和 Illeris(1996)认为发展生产性服务业有助于提高地区的出口能力,有利于外向型经济的发展。

(2)在产业区位选择方面,有研究表明生产性服务业在发展区位的选择上是有条件的。如 Marshall(1988)、Coffey(1989)和 Harrington(1997)认为生产性服务业倾向于落户在劳动力资源丰富、潜在需求高、通信和交通设施完善的地区。

(3)在产业互动发展方面,有研究认为生产性服务业与制造业联系密切。如 Marshall(1982)、Maillat(1992)和 Howland(1996)认为生产性服务业会与制造业发生相互作用,从而促进制造业的发展。

(4)在空间重构方面,有研究认为生产性服务业的发展会对城市产业空间的结构产生重要影响。如 Sirat(1998)、Sealte(1998)和 Daniels(2005)认为生产性服务业的空间演变和发展会对都市区的城市空间结构(产业分布、基础设施等空间布局)产生影响,具有改变和重塑城市空间结构的力量。

(5)在空间分工和集聚特征方面,许多研究认为空间分工和集聚是生产性服务业发展的两个重要特征。Coffey(1996、2000)、Hermelin(2007)、Krenz(2010)、Kolko(2010)、Hong Yi(2011)和 Taylor(2013)等对生产性服务业的空间分工和集聚特征进行了实证研究,认为生产性服务业一般存在空间分工和集聚特征,且有向城市尤其是大城市集聚发展的趋势。

相比国外,虽然国内学者对生产性服务业的研究整体起步较晚,但研究成果比较丰富。国内研究主要集中在产业互动及比较、空间集聚及分工、影响效应等3个方面。

(1)在产业互动及比较方面,有研究发现生产性服务业和制造业具有共生关系,彼此互相促进,且不同区域的生产性服务业具有不同的发展特征。如顾乃华等(2006)运用面板数据计量模型,对生产性服务业与制造业之间的影响关系进行定量检验,发现生产性服务业的发展有利于制造业竞争力的提高;申玉铭等(2007)、邱灵等(2008)和李博等(2012)利用投入产出分析等研究方法,分别对北京、中国和大连的生产性服务业与制造业的关联互动关系进行分析,发现生产性服务业与制造业的关系中存在正负反馈机制,在实际发展中,应该尽量发挥正反馈机制的作用;唐强荣(2008)和徐学军(2008)基于生态共生理论,探讨了制造业与生产性服务业的关系,发现共生环境、共生界面和机制、交易成本和类型等会对二者的共生合作关系产生影响;程大中(2008)采用投入产出分析方法,对中国生产性服务业的水平、结构及影响进行国际比较分析,发现与经济合作与发展组织(OECD)成员国相比,中国的生产性服务业消耗相对较小,且一半以上投入第二产业;申玉铭等(2009)采用产业关联和区域比较方法,对北京和上海的生产性服务业发展进行比较研究,发现北京和上海的生产性服务业发展阶段、需求结构和空间分布存在显著差异。

(2)在空间集聚及分工方面,一般采用各种集聚和分工指数模型对生产性服务业的空间集聚和分工水平进行测算,研究发现生产性服务业的空间集聚和分工水平因城市结构或区域不同存在较大差异。如王小平(2008)和张旺等(2012)对京津冀都市圈内部的生产性服务业的集聚水平进行测度,发现三地生产性服务业集聚水平存在较大差异,呈现大梯度特性;许媛等(2009)以软件产业为例,研究生产性服务业在长江三角洲地区的分工布局,发现生产性服务业的分工布局受制于区域一体化总体进程和行政区划的分割;樊卓福(2009)采用区位商等指数定量分析长江三角洲地区的服务业分工水平,发现长江三角洲地区不同城市的生产性服务业的专业化水平表现不同,且在服务业内部不同行业的地方化水平存在差异;张三峰(2010)以中国21个城市为例,使用区位商指数方法测算中国城市生产性服务业的集聚水平,发现生产性服务业呈现明显的城市集聚特征,但集聚水平不均衡,有明显的地域特色;薛东前等(2011)以西安市为例,采用地理集中指数测算生产性服务业在城市内部的空间布局,发现生产性服务业在城市内部集聚度不高,但有集中的发展趋势;李佳洺等(2014)采用空间基尼系数和空间自相关模型,对中国生产性服务业的空间集聚特征与模式进行研究,发现中国生产性服务业总体上呈现点状集中空间分布模式;申玉铭等(2015)采用区位熵、对外服务流模型、熵值法等定量模型,对中国20个城市群32个核心城市的服务业专业化程度、外向服务功能、综合发展水平等进行综合比较分析,发现核心城市的生产性服务业专业化程度较非核心城市要高,多数属于生产性服务功能主导型,且生产性服务业空间集中性普遍高于生活性服务业;李佳洺等(2016)以微观企业点数据为基础,采用基于距离的产业集聚的研究方法对杭州市生产性服务业的集聚特征进行分析,发现生产性服务业集聚趋势明显,金融服务业和商务服务业的集聚由较小规模企业主导,信息服务业的集聚由中等规模企业主导。

(3)在影响效应方面,一般采用计量经济学方法对生产性服务业的影响进行定量分析,研究发现生产性服务业的影响存在区域差异和空间溢出效应。陈建军(2009)从新经济地理学的视角,以我国222个地级市为例,探索分析中国生产性服务业集聚的成因和发展趋势,研究发现知识密集度、信息技术水平、城市和政府规模对生产性服务业集聚影响显著,且这种影响存在明显的区域差异;席强敏等(2015)采用多种分工(地区专业化)指数模型和空间计量经济学方法,对京津冀地区的生产性服务业的分工水平和空间溢出效应进行研究分析,发现北京和天津的生产性服务业发展呈现多样化特征,存在产业同构现象,有些行业存在明显的空间溢出效应;席强敏等(2016)采用面板数据模型,实证检验中国生产性服务业市场潜能对其空间分布的影响,发现生产性服务业主要集中在区域中心城市,市场潜能对生产性服务业的空间分布有显著影响。

从以上文献梳理的结果可以发现,目前有关生产性服务业的研究存在两方面的问题。一是生产性服务业影响效应关注范围过窄。现有研究大多只关注生产性服务业发展对本地发展的影响效应,而较少考虑或关注其对周边地区发展的影响效应。事实上,生产性服务业的发展不仅对自身会有影响,通过空间传导机制,也有可能对周边地区产生影响,并且这种影响可以是积极的,也可以是消极的。二是忽略了生产性服务业与环境的关系问题,或者说忽略了生产性服务业的绿色属性。生产性服务业属于生态产业,是绿色经济的主力军。发展生产性服务业,理论上来说,可以有效缓解当地的环境压力,因此,有必要对其与环境的关系进行实证检验。

由于生产性服务业的影响存在区域特征和空间溢出效应,传统计量经济学方法在处理这种影响方面存在缺陷,而空间计量经济学方法可有效地处理数据的区域特征和空间溢出效应,因此本书采用空间计量经济学方法对生产性服务业的影响进行计量分析。

1.2.2 空间计量经济学相关研究进展

1970年Tobler提出了地理学第一定律即相近者相互作用强、相近者关联更紧密,这就使得传统计量经济学所要求数据独立的假设条件在现实研究中很难得到满足,即空间单元彼此独立且随机分布的假设很难成立。如果仍用传统的计量经济学方法对空间数据进行计量分析,则计量结果的准确性和有效性很难得到保证。空间计量经济学方法正是为了解决这一问题应运而生,并不断发展演变。理论上来说,由于空间计量经济学模型将空间信息嵌入了模型当中,使得此类模型可以较好地处理空间相关性(空间依赖)问题。

从空间计量经济学方法的发展来看,其大致经历了空间相关性指数模型的构建、横截面数据模型的建立,并由此发展为空间面板数据模型和嵌入地理位置数据模型;空间计量经济学模型也从简单的空间滞后(SAR)模型和空间误差模型(SEM),发展为相对复杂的空间杜宾模型(SDM)和地理加权回归(GWR)模型或时空地理加权回归(GTWR)模型。

(1)空间相关性指数模型和横截面数据模型的研究。Moran(1950)构建了检验空间相关性的统计量 *Moran's I*,为空间相关性检验提供了有效手段;Cliff 和 Ord(1973)将空间滞后项首次纳入截面数据计量模型中,从而构建了空间滞后模型;Asenlin 等(1988)系统地表述并总结了有关空间计量的模型和方法,给出了空间滞后模型和空间误差模型的估计方法;Anselin(1996)研究并给出了横截面数据的空间滞后模型和空间误差模型的 LM 检验和稳健(Robust)LM 检验。

(2)空间面板数据模型的研究。Elhorst(2003)将空间计量模型由横截面数据空间计量模型扩展到空间面板计量模型,使得空间计量经济学的数据适应范围获得极大扩展,运用范围也更加广阔;Anselin(2006)将空间计量模型的 LM 检验扩展到空间面板模型,使得模型的适应性进一步提高;LeSage 和 Pace(2009)提出直接效应和间接效应(溢出效应)的定义概念和计算方法;Elhorst(2010a)继续完善和改进了空间面板模型的空间相关性检验方法、固定效应和随机效应模型的选择方法、固定效应和随机效应下空间滞后模型和空间误差模型的参数估计方法;Lee 和 Yu(2010)发现在固定效应影响下空间面板模型采用极大似然估计法(MLE)进行参数估计会导致估计的结果出现偏误;Elhorst(2010b)针对 Lee 等提出的偏误问题进行了纠偏,改进和完善了空间面板模型的极大似然估计法,给出了空间滞后模型、空间误差模型和空间杜宾模型的直接效应和间接效应(溢出效应)的计算公式和简化计算方法,并进一步提出了选择空间滞后模型、空间误差模型和空间杜宾模型的方法步骤。

(3)地理加权回归模型的研究。空间截面或面板数据模型可以较好地处理空间相关性问题,但对空间异质性的处理却不是很理想。

Fotheringham等(1996)将空间地理位置信息纳入模型,从而构建了地理加权回归模型来处理空间异质性;Huang等(2009)将时间因素纳入地理加权回归模型,提出了时空地理加权回归模型。由于时空地理加权回归模型的时空距离(Spatio-Temporal Distance)的定义没有统一标准,科学性受到质疑,因此该模型的实证应用很少,但用于横截面数据的地理加权回归模型因计算和检验方法比较成熟可靠,实证应用较多。

伴随着空间计量经济学模型理论的发展,空间计量经济学模型获得了国内外学者的广泛关注,并且运用到大量实证研究当中,取得了较好的研究效果。

(1)在区域经济方面,有研究认为区域经济发展存在空间相关和空间溢出特征。如Rey等(1999)采用空间自相关模型,对美国各地区经济的收敛性做了实证检验;林光平等(2006)使用空间计量经济学模型对中国28个省区经济发展的σ收敛进行了实证研究;金春雨等(2012)采用空间杜宾模型测算了中国制造业产业集聚和地区专业化的空间溢出效应。

(2)在资源环境方面,许多研究认为人口、经济等人文因素对资源环境存在显著影响,且存在明显的空间溢出效应。如王火根等(2007)开展了中国经济增长与能源消费的空间面板计量分析;孙克等(2009)采用空间计量方法对人文因素在环境影响评价中的作用进行了测算;程叶青等(2013)采用空间面板数据对中国能源消费碳排放强度及其影响因素进行了分析计算;赵良仕等(2014)采用空间面板数据模型对中国省际水足迹强度收敛情况进行了验证。

(3)在空间异质性方面,部分研究认为空间异质现象广泛存在于经济社会发展和资源环境等领域。如吴玉鸣(2013)使用地理加权回归模型对中国省域旅游业弹性系数的空间异质性进行了估计;庞瑞秋等(2014)采用地理加权回归模型对吉林省人口城镇化的动力机制进行了分析;孙克等(2016)利用地理加权回归技术对灰水足迹的人文影响因素进行了空间异质性分析。

总之,以上实证研究表明空间计量经济学模型具有较好的适应性,即能适应多领域研究。

生产性服务业在许多国家和地区尤其是发达国家和地区已经取代制造业成为经济发展的主要力量和创新的主要来源,以往有关生产性服务业的研究大多围绕发达地区的城市群(如京津冀、长三角、珠三角等)开展,而对欠发达地区的城市群(如中部城市群、西部城市群)开展的研究很少。从理论上说,欠发达地区的城市群与发达地区的城市群因经济发展的阶段不同,可能导致两类区域的生产性服务业的空间分工特点、演变规律及空间效应、影响特征等存在差异,发达地区城市群有关生产性服务业的研究结果未必适合欠发达地区。随着欠发达地区的经济发展步伐不断加快,其生产性服务业获得长足发展,已成为欠发达地区产业的重要构成部分。本书以长江中游城市群(中部地区)为例,对生产性服务业的空间分工、效应和影响开展综合集成研究,可为该区域生产性服务业发展的空间布局和政策制定提供科学参考和依据,同时也可为其他欠发达地区城市群的生产性服务业发展提供有益借鉴。

1.3 研究区域概况

1.3.1 地理位置和范围[①]

长江中游城市群位于长江中游地区,其主体包括3个大型城市群,即以武汉为中心的武汉城市圈、以长沙为中心的环长株潭城市群、以南昌为中心的环鄱阳湖城市群。根据国务院有关部门出台的文件,长江中游城市群规划范围确定为湖北省武汉市、宜昌市、荆州市、荆门市、黄石市、鄂州市、黄冈市、孝感市、咸宁市、仙桃市、潜江市、天门市、襄阳市,湖南省长沙市、湘潭市、益阳市、株洲市、常德市、衡阳市、岳阳市、娄底市,江西省南昌市、景德镇市、九江市、新余市、鹰潭市、宜春市、上饶市、萍乡市及抚州市、吉安市的部分县(区),共31个城市,其中地级以上城市28个,县级市3个(湖北省的仙桃、潜江和天门)。武汉、长沙和南昌3个省会城市彼此之间直线距离约260千米,如果以这3个中心城市作为顶点画个三角形,将以这3个城市为中心的3个大型城市群(武汉城市圈、环长株潭城市群和环鄱阳湖城市群)包含进来,就构筑成了"中三角经济区"。

1.3.2 自然概况

长江中游城市群地处亚热带暖湿季风气候区,冬夏长、春秋短,雨量丰沛,年降水量大于1200毫米,无霜期长,大部分地区年均霜日数在25天以下,日照充足,低温天气少,大部分地区年平均气温在16—

[①] 长江中游城市群的划分依据为2015年4月国家发展改革委出台的《长江中游城市群发展规划》。为了便于数据获取和保持研究区域的完整性,本研究中长江中游城市群范围包括吉安市全市;由于城市统计年鉴中仙桃、潜江和天门的数据不全,且这3个城市属于县级市,许多数据在量级上与地级市相差较大,因此,本研究中未包括这3个县级市。长江中游城市群在学术界和非正式的官方报告中也被称为"中三角"。

18℃之间,适宜人居。该区域地貌类型丰富,有丘陵、山地、平原等多种地貌;区域内河网密布,水资源丰富,中国第一长河长江从中穿过,湖泊众多,中国第一和第二大淡水湖——鄱阳湖和洞庭湖镶嵌其中,水生动植物资源丰富,水生生物1000多种,其中淡水鱼种类270多种,约占全国淡水鱼种类的39%,且鲤形目和鲈形目种类超过50%,主要经济鱼类60多种,底栖动物200多种,水生植物100多种;区域内森林覆盖率高,是中国最绿的区域之一,野生动植物资源丰富,有水杉、银杉、珙桐等古老珍稀的孑遗植物,有金丝猴、白鳍豚、扬子鳄、朱鹮等珍禽异兽,物种复杂多样,绿色生态优势明显;区域内矿产资源丰富,磷和钨的储量冠居全国(湖北的磷矿,湖南和江西的钨矿);区域内历史自然人文景观纷呈,有武当山、神农架、庐山、三清山、衡山、岳麓书院等,黄鹤楼、岳阳楼和滕王阁江南三大名楼坐落其中。

1.3.3 经济社会概况

长江中游城市群区域面积约31.7万平方千米,约占全国国土面积的3.3%,经济腹地较为广阔;该区域人口密集,2020年末总人口1.21亿人,约占全国总人口的8.8%,人口密度在380人/千米^{2}以上,是中国人口最稠密的区域之一;2020年该区域实现地区生产总值约6万亿元,约占全国GDP的8.8%,经济总量和人口总量在全国占比大体相当,人均地区生产总值处于全国中游,具有一定的经济发展基础;2020年该区域常住城镇人口占区域总人口的比例超过55%,城镇化基础较好;该区域内航道密集,有10000千米的洞庭湖水系航道网(该航道网以长沙为中心,范围包括湘江、资江、沅江、澧江和洞庭湖区等)、9300千米的汉江航道网(该航道网以武汉为中心,范围包括长江干流、汉江及其他支流等)和5000千米的鄱阳湖水系航道网(该航道网以南昌为中心,范围包括赣江、抚河、信江、饶河、修水、袁河、昌江、鄱阳湖区等)3个大型航道网,港口林立,水运发达,连江通海;该区域铁路和公路纵横交错,路网密集,在关键节点区域建设了若干区域枢纽机场,基本形成了立体交通网络,交通便利;该区域农业生产历史悠久,尤其是水稻种植,是最早开始稻作农业的地区之一,历史上便有"湖广熟,天下足"的说法,鄱阳湖区、洞庭湖区和江汉平原是中国重要的商品粮生产基地,粮食生产具有比较优势;该区域包括了三省的政治经济文化中心(3个省会城市),工业发展基础较好,工业体系较为完整,初步形成了以装备制造、汽车及交通运输设备制造、冶金、航空、家电等制造业为主导的产业体系,已成为全国重要的制造业基地,围绕制造业而构建的生产性服务业也发展较为迅速。

1.3.4 生产性服务业发展概况

生产性服务业的主要任务是为制造业的发展提供配套服务。近12年来,随着长江中游城市群制造业的发展(从业人数2003年为253万人,2014年为455万人,12年间增长了80%,年均增长6.67%),该区域生产性服务业也获得了长足的发展(见图1.1),从业人数从2003年的119万人增长到2014年的205万人,12年间增长了72%,年均增长6%。从发展速度来看,长江中游城市群区域的生产性服务业发展略微落后于该区域制造业的发展;从发展规模来看,该区域制造业的规模是生产性服务业规模的2倍多,而且这种规模比例在12年间变化不大,2003年为2.13倍,2014年为2.22倍,说明长江中游城市群区域驱动经济发展的主要动力还是来自制造业,生产性服务业要成为经济发展的主力军任重而道远。南昌、武汉和长沙3个区域中心城市2003年生产性服务业从业人数分别为9.36万人、33.93万人和11.61

万人,2014 年则分别发展为 15.51 万人、34.07 万人和 26.57 万人,分别增长 65.7%、0.41% 和 128.9%;长沙的生产性服务业发展速度最快,武汉的规模最大,南昌的规模最小。

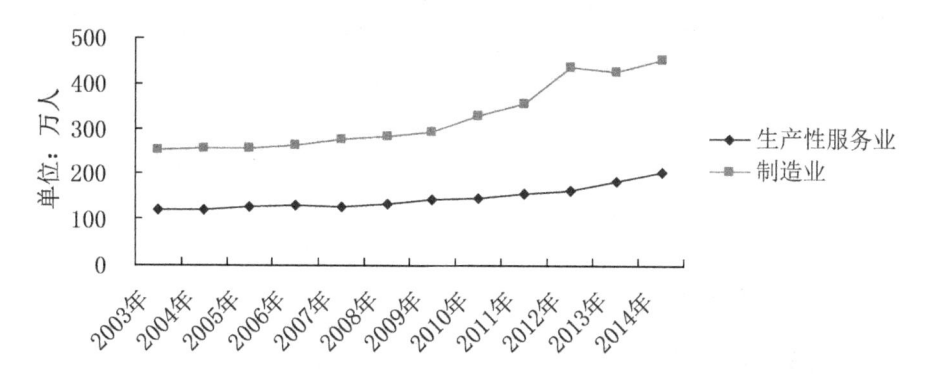

图 1.1　2003—2014 年长江中游城市群生产性服务业和制造业从业人数

1.3.5　水域生态环境概况

随着近年来长江中游城市群经济和人口的快速增长,尤其是长江沿岸开发力度的加大,长江中游水域生态环境面临较大威胁和压力,有些地方水域水生动植物资源衰退严重,水域生态环境恶化趋势明显。确保区域内一江(长江)二湖(鄱阳湖和洞庭湖)清水涟涟、生态优良,对于全国的水域生态环境保护具有重要意义。工业废水含有多种有害有毒污染物质,对水域生态环境威胁巨大。目前,长江中游城市群的工业废水排放是一江二湖水域生态环境的最大和最直接的威胁。随着近几年该区域对于环境保护的重视,环保执法也趋于严格,同时,产业转型升级的力度有所加大、速度有所提高,因此,该区域的工业废水排放量有所下降(见图 1.2),但数字仍然很大。2014 年该区域工业废水排放量为 180813 万吨,其中南昌的工业废水排放量为 8656 万吨、武汉的工业废水排放量为 17097 万吨、长沙的工业废水排放量为 4397 万吨,巨大的工业废水排放量增大了水域生态环境的压力。

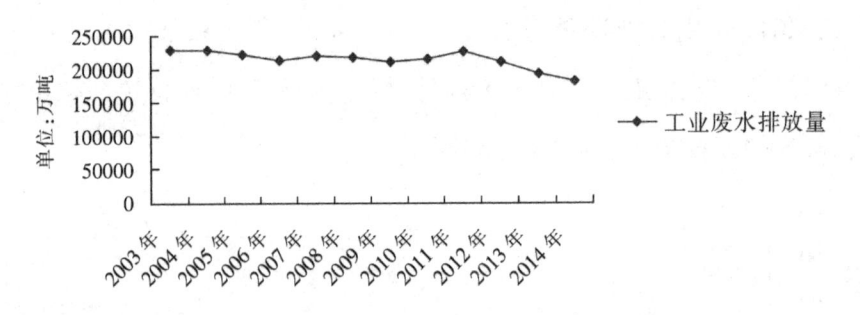

图1.2　2003—2014年长江中游城市群工业废水排放情况

1.4 研究思路和结构安排

1.4.1 研究思路

本书主要采用综合集成的研究思路,以便整体把握研究区域生产性服务业的空间分工、效应和影响,具体研究思路如下。

第一步,数据收集和文献梳理。通过查阅城市年鉴和区域调查获得有关研究区域的生产性服务业和自然社会经济等数据,并整理归类,将有关数据录入电子表格;同时开展文献梳理,重点了解生产性服务业的最新研究方法和进展及空间计量经济学的发展历程和最新的模型应用。

第二步,测算生产性服务业的分工水平。根据有关分工指数模型测算长江中游城市群生产性服务业的分工水平和状态变化,并对指标数据进行比较分析,从而发现该区域生产性服务业的分工特点和发展演变规律及存在的问题。

第三步,生产性服务业的空间效应分析。根据空间相关性指数模型的计算结果,分析研究长江中游城市群生产性服务业发展的空间特点和分布格局,从而推导出该区域生产性服务业发展导致的空间效应类型(扩散效应和虹吸效应);然后,采用不同距离阈值计算空间自相关指数,比较指数变化特征,确定空间效应的影响范围。

第四步,生产性服务业的影响分析。采用空间面板和地理加权回归计量模型,从生产性服务业的影响因素、生产性服务业对制造业的影响和生产性服务业对环境的影响等3个方面开展空间计量分析,重点回答三方面的问题:一是哪些因素会影响生产性服务业的发展及影响大小;二是生产性服务业的发展是否会促进制造业的发展;三是生产性服务业的发展是否有利于环境的改善。

第五步,总结和讨论。主要是总结和讨论本书有关研究结果,发现不足,并提出政策建议。

研究思路框架如图1.3所示:

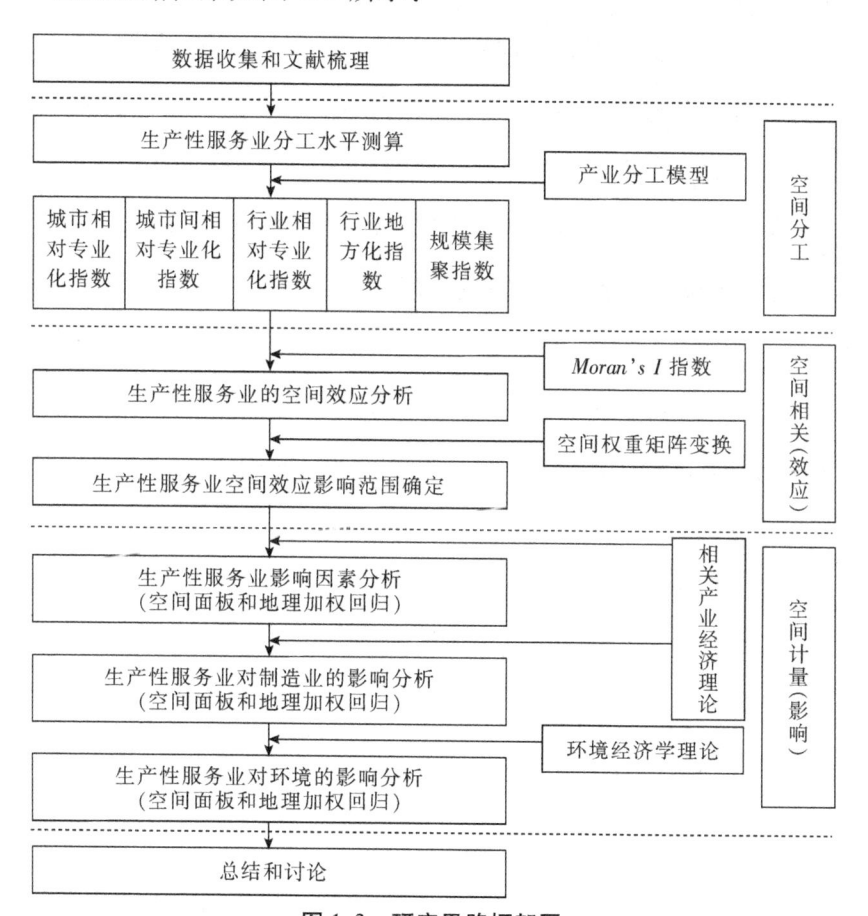

图1.3 研究思路框架图

1.4.2 结构安排

根据研究思路,本书共分为7个章节,具体结构安排如下:

(1)绪论(第1章)。主要介绍本书的选题依据和意义、生产性服务业和空间计量经济学最新的研究进展以及研究区域概况等。

(2)数据来源和研究方法(第2章)。主要介绍本书采用数据的来源和有关研究方法模型(分工指标、空间自相关模型和空间面板计量模型)。

(3)生产性服务业的空间分工特征(第3章)。主要测算并分析长江中游城市群生产性服务业的空间分工情况。

(4)生产性服务业的空间效应(第4章)。主要研究并分析长江中游城市群生产性服务业发展产生的空间效应类型(扩散效应和虹吸效应)及其有效影响范围。

(5)生产性服务业影响的空间面板分析(第5章)。主要是生产性服务业影响因素、生产性服务业对制造业和对环境影响的空间计量分析。

(6)生产性服务业影响的空间异质性分析(第6章)。主要是生产性服务业的影响因素、生产性服务业对制造业和对环境影响的空间异质性分析。

(7)结论和讨论(第7章)。主要是总结本书的研究结果,并对有关结果进行讨论,提出有关政策建议。

本书详细结构安排见图1.4。

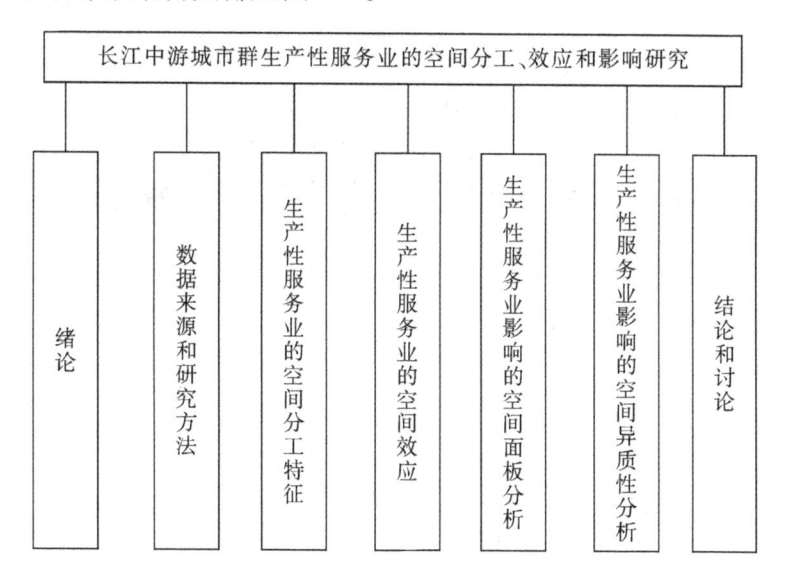

图1.4 本书结构安排

第 2 章 数据来源和研究方法

2.1 生产性服务业的行业界定

参考以往文献研究中生产性服务业的界定原则,结合最新的《国民经济行业分类》(GB/T 4754—2017),同时考虑数据的可得性,本书将服务业中行业代码 53—60 和 63—75 之间的行业确定为生产性服务业。具体为交通运输、仓储和邮政业,信息传输、软件和信息技术服务业,金融业,房地产业,租赁和商务服务业,科学研究和技术服务业等 6 个细分行业。为了方便叙述,统一称谓,本书将生产性服务业的 6 个细分行业分别命名为交通运输业、信息服务业、金融服务业、房地产服务业、商务服务业和科技服务业。

2.2 数据来源

在有关行业分工模型指标测算中,很多研究案例选择行业产值作为行业发展水平和规模的衡量指标,制造业既是如此。制造业在国民经济中占有重要地位,历来受到统计部门的重视,统计口径和统计方法都非常成熟,所以,制造业分工指标通常采用产值来计算。而对于生产性服务业而言,由于其发展历程较制造业短,且其有关定义和分类还比较模糊,没有达成共识,有关其产值统计口径的界定没有统一标准,因此,不宜采用产值作为生产性服务业发展水平的衡量指标。

事实上,尽管生产性服务业细分行业的产值数据不全、不详,但相关细分行业从业人数的统计数据却非常全面、详细。因此,本书选择生产性服务业细分行业的从业人数作为生产性服务业发展水平和规模的衡量指标来进行有关分工模型指标的测算。

本书研究所用的生产性服务业数据主要来源于2003—2014年各城市统计年鉴,个别城市个别年份的生产性服务业数据在城市统计年鉴中不全,则通过查阅当地的统计年鉴予以补全;其他经济环境数据主要取自2003—2014年各省统计年鉴中的分地区数据和历年城市统计年鉴。

2.3 生产性服务业分工水平测算模型

目前,对生产性服务业分工水平进行定量研究的文献还比较少,大部分研究仍然沿用制造业的分工水平测算方法进行生产性服务业分工水平的测算。理论上来说,只要分工的定义本质相同,且能对生产性服务业进行行业细分,制造业的分工水平测算模型完全可以用于生产性服务业分工水平的研究。因此,本书的生产性服务业分工水平测算模型主要采用制造业的分工水平测算模型。具体来说,主要是借鉴国外在研究产业分工时常用的指标,即美国新经济地理学家保罗·克鲁格曼在考察分析美国和欧洲产业分工时使用的指标。这种指标的主要思路和计算原理是考虑产业结构方面的差异性,并计算出这种差异性的大小,即通过考察计算研究区域各单元产业结构的差异性来衡量该产业在该区域的分工水平和程度。总的来说，产业结构差异性越大，该区域产业分工的水平和程度就越高；差异性越小，则该区域产业分工的水平和程度越低，产业同构趋势越明显。

根据生产性服务业细分行业的数据特点（细分行业分类数目较少）和研究需要（重点是了解其分工特点、同质化情况和优势产业等），本书选择城市相对专业化指数、行业相对专业化指数、城市间相对专业化指数、行业地方化指数和规模集聚指数等5个指标来进行有关研究区域的生产性服务业分工水平和程度的测算。具体指标说明如下。

2.3.1 城市相对专业化指数

从总体上把握某城市在研究区域内部专业化分工的水平和程度，可以采用城市相对专业化指数。该指数的计算原理是，先计算某城市生产性服务业某行业的专业化系数（该城市某行业从业人数与该城市所有产业从业人数的比值）与研究区域（该城市除外）相应行业的专业化系数（研究区域某行业从业人数与该区域所有产业从业人数的比值）差的绝对值，再对所有行业的差的绝对值求和，就可以获得该城市相对专业化指数。该指数可以衡量该城市在研究区域中产业结构的差异水平，从而反映其在研究区域中生产性服务业的专业化分工程度和水平。具体计算公式如下：

$$Sd_i(t) = \sum_{k=1}^{n} \left| \frac{E_{ik}(t)}{E_i(t)} - \frac{\sum_{j \neq i}^{m} E_{jk}(t)}{\sum_{k=1}^{n} \sum_{j \neq i}^{m} E_{jk}(t)} \right| \quad (2.1)$$

其中，$Sd_i(t)$代表城市相对专业化指数，i代表城市i，j代表城市j，k代表生产性服务业行业k；$E_i(t)$代表城市i生产性服务业的总体规模，$E_{ik}(t)$代表城市i生产性服务业行业k的从业人数，$E_{jk}(t)$代表城

市 j 生产性服务业行业 k 的从业人数;m 代表城市数目,n 代表生产性服务业的行业数目。$Sd_i(t)$ 越大,说明城市 i 在研究区域中生产性服务业的专业化分工水平越高;$Sd_i(t)$ 越小,则说明城市 i 在研究区域中生产性服务业的专业化分工水平越低,即分工呈现多样化特征。

2.3.2 行业相对专业化指数

识别某城市专注哪些行业,据此判定哪些行业为优势产业,可以使用行业相对专业化指数。该指数一般采用目前广泛运用的区位商来计算,其计算原理就是某城市生产性服务业某行业的专业化系数(该城市某行业从业人数与该城市所有产业从业人数的比值)与研究区域相应行业的专业化系数(研究区域某行业从业人数与该区域所有产业从业人数的比值)的比值。该指数计算相对简单,但意义明确。具体计算公式如下:

$$Lq_{ik}(t) = \frac{E_{ik}(t)}{E_i(t)} \Bigg/ \frac{\sum_{i=1}^{m} E_{jk}(t)}{\sum_{k=1}^{n}\sum_{i=1}^{m} E_{jk}(t)} \qquad (2.2)$$

其中,$Lq_{ik}(t)$ 代表行业相对专业化指数。$Lq_{ik}(t)$ 越大,说明城市 i 专注发展行业 k,行业 k 在城市 i 的发展优势就越大;反之,则相反。

2.3.3 城市间相对专业化指数

研究某城市与研究区域其他城市的专业化分工水平和程度,可以采用城市间相对专业化指数。该指数的计算原理是,先计算某城市生产性服务业某行业的专业化系数(该城市某行业从业人数与该城市所有产业从业人数的比值)与需要比较城市相应行业的专业化系数差的绝对值,再对所有行业的差的绝对值求和,就可以获得该城市与需要比较城市的城市间相对专业化指数。该指数可以衡量两个城市之间的产业结构差异水平,从而反映这两个城市之间生产性服务业的分工

程度和水平。具体计算公式如下:

$$Sd_{ij}(t) = \sum_{k=1}^{n} \left| \frac{E_{ik}(t)}{E_i(t)} - \frac{E_{jk}(t)}{E_j(t)} \right| \qquad (2.3)$$

从 $Sd_{ij}(t)$ 的计算公式可以发现,其取值范围应该为[0,2]。如果 $Sd_{ij}(t) = 0$,则说明城市 i 与城市 j 的生产性服务业的产业结构完全相同,产业分工几无可能;而如果 $Sd_{ij}(t) = 2$,则说明城市 i 与城市 j 的生产性服务业的产业结构完全不相同,两城市间生产性服务业分工程度高,完全专业化。

2.3.4 行业地方化指数

如果需要识别行业的地方化程度,了解生产性服务业各行业在研究区域各城市产业结构中的总体差异水平,可以采用行业地方化指数。该指数计算稍显复杂,其计算原理是,先计算某城市生产性服务业某行业的专业化系数(该城市某行业从业人数与该城市所有产业从业人数的比值)与研究区域相应行业的专业化系数(研究区域某行业从业人数与该区域所有产业从业人数的比值)差的绝对值与该城市所有产业从业人数的乘积,然后对所有城市的乘积进行求和,最后将这个和除以该行业在整个研究区域的从业人数的2倍,就可以获得该行业的地方化指数。具体计算公式如下:

$$Id_k(t) = \frac{1}{2} \sum_{i=1}^{m} \left\{ \left| \frac{E_{ik}(t)}{E_i(t)} - \frac{\sum_{i=1}^{m} E_{jk}(t)}{\sum_{k=1}^{n} \sum_{i=1}^{m} E_{jk}(t)} \right| E_i(t) \right\} \bigg/ E_k(t) \qquad (2.4)$$

其中,$Id_k(t)$ 代表行业地方化指数,$E_k(t)$ 为行业 k 在研究区域的从业人数。$Id_k(t)$ 越大,说明行业 k 在研究区域中各城市生产性服务业中占比结构的差异性越大,或者说该行业在研究区域中各城市的发展受到的重视程度差异越大,即地方化程度越高;反之,则相反。

2.3.5 规模集聚指数

本书将生产性服务业细分为6个行业,采用行业从业人数作为行业发展水平的衡量指标。理论上来说,可以将生产性服务业各行业的从业人数加总作为生产性服务业的集聚指标,但这样简单加总获得的集聚指标忽略了行业的差异性,把每个行业视为同等权重。事实上,每个行业在各城市中的重要程度是不一样的,对各个城市集聚水平的贡献是不一样的,尤其在考察时间序列数据时,一般研究都会重点关注对时间变化比较敏感的指标,对其赋予较高的权重。因此,为了可以客观科学地反映研究区域生产性服务业的集聚水平和变化特征,本书采用熵权法来计算研究区域生产性服务业的集聚水平。熵权法的理论基础是信息论,根据信息论基本原理,在一个系统中,信息可以度量该系统的有序程度,而熵则反映系统的无序程度。如果评价指标的信息熵小,该指标提供的信息量就大,在研究评价中的作用也就较大,权重就较高。具体权重计算过程可以用数学语言简要表述如下[①]:

(1) 假设某研究中,有 m 个待评项目、n 个评价指标,则形成原始评价矩阵 $R=(r_{ij})_{m \times n}$;

(2) 指标 j 有信息熵 $e_j = -k \sum_{i=1}^{m} p_{ij} \ln p_{ij}$,其中 $k = \dfrac{1}{\ln m}$,$p_{ij} = r_{ij} \sum_{i=1}^{m} r_{ij}$;

(3) 指标 j 的熵权 $w_j = (1-e_j) / \sum_{j=1}^{n} (1-e_j)$。

2.4 生产性服务业空间自相关模型

空间自相关分析可以为确定生产性服务业发展的空间效应形式和类型提供重要线索和证据,也可以为选择合适的空间计量经济学模

[①] 本书根据熵权法的基本原理和计算步骤,采用 Matlab 软件编程实现有关计算。

型提供重要依据。本书采用在空间统计中常用的经典模型——全局空间自相关模型(Global Moran's I)和局域空间自相关模型(Moran 散点图)。通过这两个空间自相关模型的结合分析(全局和局部的分析),可以较为详细全面地描述长江中游城市群生产性服务业的空间自相关特征。具体模型为:

$$I = \frac{n \sum_{i=1}^{n} \sum_{j=1}^{n} w_{ij}(x_i - \bar{x})(x_j - \bar{x})}{S^2 \sum_{i=1}^{n} \sum_{j=1}^{n} w_{ij}} \quad (2.5)$$

式中,I 即为 Moran's I,$S^2 = \frac{1}{n}\sum_{i=1}^{n}(x_i - \bar{x})^2$,$\bar{x} = \frac{1}{n}\sum_{i=1}^{n}x_i$,$x_i$ 为城市 i 的生产性服务业从业人数,n 为研究地区数,w_{ij} 为空间权重矩阵 W[①] 的第 i 行第 j 列的元素值,W 矩阵的元素值可以用以定义城市间的相对空间关系。Moran's I 取值范围一般为[-1,1],小于 0 为空间负相关,等于 0 为空间不相关,大于 0 为空间正相关。全局空间自相关 Moran's I 只能反映研究区域整体生产性服务业的空间相关分布特征,而无法反映研究区域各城市的局部空间相关特征。Moran 散点图可以反映局域空间自相关特征,其具有 4 个象限,每个象限对应不同的空间相关类型。其中,H-H 型为高水平生产性服务业城市和高水平生产性服务业城市相邻;L-L 型为低水平生产性服务业城市和低水平生产性服务业城市相邻;H-L 型为高水平生产性服务业城市和低

---

① 一般常用的空间权重矩阵 W 有 3 种类型:邻接矩阵、距离阈值矩阵和反距离矩阵。其中邻接矩阵为城市间相邻则 $w_{ij}=1$,否则 $w_{ij}=0$;距离阈值矩阵为城市间距离小于距离阈值则 $w_{ij}=1$,否则 $w_{ij}=0$;反距离矩阵将城市间距离的反比或距离平方的反比,抑或指数距离的反比作为 w_{ij},w_{ij} 的取值区间为(0,1]。本书有关计算采用邻接矩阵和距离阈值矩阵。

水平生产性服务业城市相邻;L-H型为低水平生产性服务业城市和高水平生产性服务业城市相邻。

2.5 生产性服务业空间面板计量模型

空间面板数据是截面数据和时间序列数据的结合,包含了空间和时间信息。与单纯的截面数据和时间序列数据相比,空间面板数据包含了样本变量更多的时空行为信息,可以为设定体现更复杂空间交互行为的空间计量模型提供更多的变异性、更多的自由度和更少的共线性。近年来,空间面板计量模型在许多研究领域获得了广泛运用,并取得了不错的研究效果。由于空间滞后模型、空间误差模型、空间杜宾模型在实证研究中最为常见,运用最为广泛,模型参数估计、检验和计算都比较成熟可靠,同时计算结果也比较好解释,因此本书重点介绍这3个空间面板计量模型。

2.5.1 空间面板模型的设定

空间面板模型的设定一般需要考虑3种形式的空间交互效应,即内生空间交互效应、外生空间交互效应和误差项之间的空间交互效应。其中,内生空间交互效应是指研究区域某地的被解释变量与该地周边地区的被解释变量之间存在空间相关性,彼此互相影响;外生空间交互效应是指研究区域某地的被解释变量与该地周边地区的解释变量之间存在空间相关性,彼此互相影响;误差项之间的空间交互效应是指模型中某地的误差项与该地周边地区的误差项之间存在空间相关性,彼此互相影响,误差项之间的空间交互效应暗示模型设定时遗漏的解释变量之间可能存在空间相关性。

(1)空间滞后模型。如果空间交互效应主要来源于内生空间交互

效应,则可以通过在传统计量模型最小二乘法(OLS)中添加被解释变量的空间滞后项来设定空间滞后模型。其具体形式如下:

$$y_{it} = \delta \sum_{j=1}^{N} w_{ij} y_{jt} + X_{it}\beta + \mu_i + \lambda_t + \varepsilon_{it} \quad (2.6)$$

式中,y_{it}为研究区域城市i在时期t的被解释变量;$\sum_{j=1}^{N} w_{ij} y_{jt}$为被解释变量的空间滞后项即内生空间交互效应;$w_{ij}$为$N \times N$标准化的空间权重矩阵$W$的元素;$\delta$为空间自回归估计系数,反映内生空间交互效应的影响强度;X_{it}为$K \times 1$维外生解释变量,β为外生解释变量的$K \times 1$维系数估值向量;μ_i为空间固定效应,λ_t为时间固定效应;ε_{it}是服从经典假设的残差项,其均值为0,方差为σ^2。

(2)空间误差模型。如果空间交互效应主要来源于模型设定过程中遗漏的外生解释变量之间的空间交互效应即误差项之间的空间交互效应,则可以通过在误差项模型中添加误差的空间滞后项来设定空间误差模型。其具体形式如下:

$$y_{it} = X_{it}\beta + \mu_i + \lambda_t + \varphi_{it} \quad \varphi_{it} = \rho \sum_{j=1}^{N} w_{ij} \varphi_{jt} + \varepsilon_{it} \quad (2.7)$$

式中,φ_{it}为误差项,$\sum_{j=1}^{N} w_{ij} \varphi_{jt}$表示误差项之间的空间交互效应,$\rho$表示误差项的空间自回归估计系数,反映误差项之间的空间交互效应的影响强度。

(3)空间杜宾模型。如果空间交互效应的主要来源包括内生空间交互效应和外生空间交互效应,则在模型设定中可以同时考虑空间滞后解释变量和空间滞后被解释变量。其具体形式如下:

$$y_{it} = \delta \sum_{j=1}^{N} w_{ij} y_{jt} + X_{it}\beta + \sum_{j=1}^{N} w_{ij} X_{jt} \theta + \mu_i + \lambda_t + \varepsilon_{it} \quad (2.8)$$

式中,$\sum_{j=1}^{N} w_{ij} X_{jt}$是解释变量的空间滞后项即表示外生空间交互效应,$\theta$是$K×1$维外生解释变量空间滞后项的系数估值,反映外生空间交互效应的影响强度。

从空间杜宾模型的设定形式来看,可以发现空间杜宾模型较单纯的空间滞后模型和空间误差模型考虑的空间交互效应更加多样全面。因此,理论上来说,空间杜宾模型可以视为比空间滞后模型和空间误差模型更具一般性的模型,在实际运用和研究中具有更好的适应性,能够很好地捕获不同来源所产生的空间外部性和空间溢出效应(LeSage & Pace,2009)。

2.5.2 模型选择和检验

空间杜宾模型在满足一定条件下,可以简化为空间滞后模型或空间误差模型。一般考虑两个假设条件:如果$\theta=0$,则空间杜宾模型可简化为空间滞后模型;如果$\theta+\delta\beta=0$,则空间杜宾模型可以简化为空间误差模型。具体模型选择和检验过程如下:

(1)空间自相关性检验。对非空间面板计量结果中的 LM 和稳健 LM 统计量,即 *LMlag*、*LMerror*、*R-LMlag*、*R-LMerror* 进行空间自相关性检验。如果这些统计量都能通过显著性检验,则空间自相关性存在,应该选择空间面板计量模型。

(2)假设检验。要确定$\theta=0$和$\theta+\delta\beta=0$这两个假设条件是否成立,一般采用 Wald 和 LM 统计量进行检验。具体来说,就是建立空间杜宾模型并进行计量估计,从而获得 *Wald_spatial_lag*、*LR_spatial_lag*、*Wald_spatial_error* 和 *LR_spatial_error* 的估计结果,再对这 4 个统计量进行显著性检验。如果 *Wald_spatial_lag* 和 *LR_spatial_lag* 数值较小且不显著,则不能拒绝$\theta=0$假设,那么空间杜宾模型可以简化为空间滞后模型;如果 *Wald_spatial_error* 和 *LR_spatial_error* 数值较小且不显著,则不能拒绝 $\theta + \delta\beta = 0$ 假设,那么空间杜宾模型可以简化为空间误差模型;如果 $Wald\_spatial\_lag$、$LR\_spatial\_lag$、$Wald\_spatial\_error$ 和 $LR\_spatial\_error$ 数值较大且都通过显著性检验,则空间杜宾模型不能简化为空间滞后模型或空间误差模型,而应该选择空间杜宾模型进行计量研究。

2.5.3 直接效应和间接效应

研究区域某地解释变量的一个变化对该地被解释变量的影响被称为直接效应;某地解释变量的一个变化通过空间交互作用潜在地影响周边地区被解释变量,这种间接的影响被称为间接效应或溢出效应。一般空间回归模型大多采用点估计对空间效应进行检验,但点估计是存在偏误的,应该使用求解偏微分的方法来检验直接效应和间接效应(LeSage & Pace, 2009)。2010 年,Elhorst 将求解偏微分的方法扩展到空间面板模型,将空间杜宾模型改写为向量形式。具体公式表示如下:

$$Y = (I - \delta W)^{-1}(X_t\beta + WX_t\theta) + (I - \delta W)^{-1}\varepsilon_t^* \qquad (2.9)$$

式中,误差项 ε_t^* 中包括了 ε_t、空间固定效应和时间固定效应。被解释变量 Y 对第 k 个解释变量进行求导,可以得到如下偏微分矩阵:

$$\left[\frac{\partial Y}{\partial x_{1k}} \cdots \frac{\partial Y}{\partial x_{Nk}}\right]_t = \begin{bmatrix} \frac{\partial y_1}{\partial x_{1k}} & \cdots & \frac{\partial y_1}{\partial x_{Nk}} \\ \vdots & \ddots & \vdots \\ \frac{\partial y_N}{\partial x_{1k}} & \cdots & \frac{\partial y_N}{\partial x_{Nk}} \end{bmatrix}_t = (I - \delta W)^{-1} \begin{bmatrix} \beta_k & w_{12}\theta_k & \cdots & w_{1N}\theta_k \\ w_{21}\theta_k & \beta_k & \cdots & w_{2N}\theta_k \\ \vdots & \vdots & \ddots & \vdots \\ w_{N1}\theta_k & w_{N2}\theta_k & \cdots & \beta_k \end{bmatrix}_t$$

$$(2.10)$$

公式(2.10)中右侧矩阵对角线上元素的均值为直接效应,非对角线元素行或列之和的均值为间接效应(溢出效应)。从偏微分的性质可以发现:直接效应为研究区域某地第 k 个解释变量对该地因变量的边际影响效应;而间接效应为研究区域某地第 k 个解释变量对周边地区因变量的边际影响效应或者周边地区第 k 个解释变量对该地因变量的边际影响效应。

关于直接效应和间接效应的计算,主要有两种方法:一是每一次抽样均确定公式(2.10)右侧的矩阵(直接效应和间接效应计算前),但每次抽样都需要重复计算 $(I-\delta W)^{-1}$,使得这种计算方法过于烦琐,计算量过大,而且有可能随着 N 的增大,导致计算过程中断;二是采取近似计算法,即将 $(I-\delta W)^{-1}$ 矩阵分解为如下公式:

$$(I-\delta W)^{-1} = I + \delta W^1 + \delta^2 W^2 + \cdots + \delta^N W^N \quad (2.11)$$

一般将 I 至 $\delta^{100}W^{100}$ 之和作为 $(I-\delta W)^{-1}$ 的近似替代,从而简化直接效应和间接效应的计算。

2.6 生产性服务业地理加权回归计量模型

地理加权回归计量模型其实就是变回归系数计量模型,即回归计量模型的回归系数随着地理位置的变化而变化。具体模型设定如下:

$$y = \beta_0(u,v) + \beta_1(u,v)x_1 + \beta_2(u,v)x_2 + \cdots + \beta_k(u,v)x_k + \mu$$
$$(2.12)$$

式中,(u,v) 为研究区域单元的中心地理坐标,$\beta_0(u,v)$ 为常数项的位置函数,$\beta_j(u,v)$ $(j=1,2,\cdots,k)$ 为自变量系数的位置函数,μ 为随机误差项。

第3章 生产性服务业的空间分工特征

产业合理分工,可以提高区域合作水平,避免无序和无效的区域竞争,有利于区域一体化的实现。因此,有必要对长江中游城市群生产性服务业的分工水平和程度进行定量测算。这是对该区域生产性服务业的分工进行合理性评价的重要前提和依据,可以为该区域生产性服务业的空间布局调整提供重要线索和科学依据。

3.1 长江中游城市群生产性服务业的城市相对专业化特征

根据公式(2.1)可以测算出 2003—2014 年长江中游城市群各城市的生产性服务业相对专业化程度(见表 3.1、图 3.1)。仔细分析表 3.1 和图 3.1(选取若干变化特别的城市绘图)可以发现:

(1)2003—2014 年的 12 年间,长江中游城市群大部分城市的生产性服务业相对专业化指数低于 0.5。2003 年大于 0.5 的城市有 3 个,分别是新余、鹰潭和娄底;2014 年大于 0.5 的城市有 2 个,分别是湘潭和株洲;其他年份大于 0.5 的城市也是个位数。这充分说明长江中游城市群生产性服务业相对专业化程度总体较低。

(2)南昌、武汉和长沙的生产性服务业相对专业化程度都较低,

2003年3个城市的相对专业化指数分别为0.30、0.25和0.31,2014年分别为0.26、0.14和0.32,说明南昌、武汉和长沙在长江中游城市群生产性服务业的专业化分工体系中呈现出多样化特征,其中武汉市的多样化特征表现得尤为明显。从图3.1来看,可以发现这3个城市的生产性服务业相对专业化指数都经历了"低-高-低"的变化,其中在2008年、2009年和2010年3个城市的生产性服务业相对专业化程度处于高峰期,并且南昌市的生产性服务业相对专业化指数在这3年都超过了0.5;2010年以后3个城市的生产性服务业相对专业化指数则下降幅度较大,说明3个城市的生产性服务业的发展朝着多样化的方向快速前进。

(3)长江中游城市群中有两个城市的生产性服务业相对专业化程度的变化值得关注,一个是新余市,另一个是湘潭市。新余市的生产性服务业相对专业化指数2003年为0.76,2014年为0.22,降幅达71%;而湘潭市的生产性服务业相对专业化指数2003年为0.28,2014年为0.78,增幅达178.6%。这说明新余市在长江中游城市群的生产性服务业分工中越来越呈现出多样化特征,并且这种变化在12年间(2003—2014年)是巨大的,而湘潭市则呈现出专业化特征且正在不断加强。事实上,这两种变化和两个城市独特的产业结构是密切相关的。新余市原来制造业的支柱产业为钢铁产业(新钢),产业结构比较单一,后来随着大力调整产业结构,改变了过去钢铁产业一枝独秀的产业格局,尤其是新能源、新材料等新兴产业发展较快,产业结构呈现多样化特征,导致原来主要为钢铁产业服务的生产性服务业也随之呈现出多样化特征;而湘潭市原来主要是冶金、机电、化工、纺织、电子信息和食品等多种产业齐头发展,后来逐步演变成主要集中在钢材深加工产业(湘钢)、汽车及零部件产业(吉利)、先进装备制造产业(湘电)等3个核心产业,并且最近几年这3个产业获得了快速而长足的发展,产业集聚效应不断增强,使为之服务的生产性服务业也随之不断集中,呈现出专业化特征。

表3.1 2003—2014年长江中游城市群生产性服务业城市相对专业化指数

城市	2003年	2014年	2003—2014年
南昌	0.30	0.26	-0.04
武汉	0.25	0.14	-0.11
长沙	0.31	0.32	0.01
景德镇	0.35	0.22	-0.13
萍乡	0.30	0.42	0.12
九江	0.16	0.13	-0.03
新余	0.76	0.22	-0.54
鹰潭	0.59	0.31	-0.28
吉安	0.24	0.24	0.00
宜春	0.25	0.46	0.21
抚州	0.33	0.37	0.04
上饶	0.36	0.45	0.09
黄石	0.14	0.19	0.05
宜昌	0.08	0.36	0.28
襄阳	0.19	0.30	0.11

续表

城市	2003 年	2014 年	2003—2014 年
鄂州	0.35	0.22	-0.13
荆门	0.19	0.19	0.00
孝感	0.27	0.49	0.22
荆州	0.13	0.26	0.13
黄冈	0.16	0.35	0.19
咸宁	0.26	0.07	-0.19
株洲	0.11	0.52	0.41
湘潭	0.28	0.78	0.50
衡阳	0.29	0.28	-0.01
岳阳	0.34	0.37	0.03
常德	0.24	0.35	0.11
益阳	0.33	0.48	0.15
娄底	0.51	0.26	-0.25

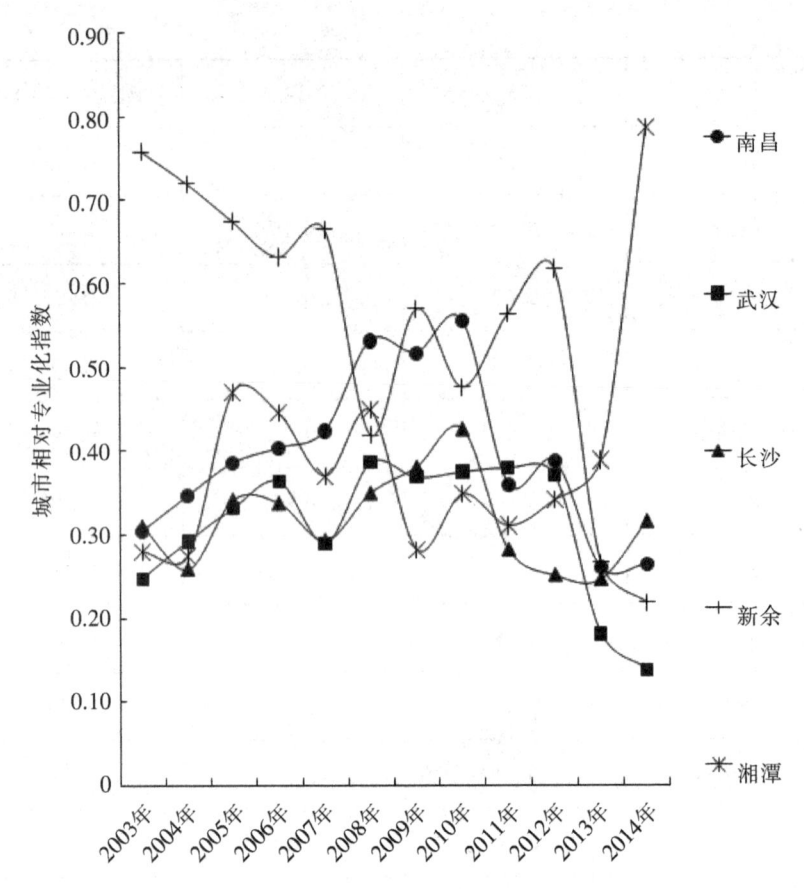

图 3.1　2003—2014 年长江中游城市群生产性服务业
城市相对专业化指数变化趋势图(若干变化特别的城市)

3.2 长江中游城市群生产性服务业的行业相对专业化特征

根据公式(2.2)可以计算出 2003—2014 年长江中游城市群各城市的生产性服务业行业相对专业化指数,受篇幅限制本书只列出了 2003 年(见表 3.2)和 2014 年(见表 3.3)的计算结果。整理历年的行业相对专业化指数,可以得到 2003—2014 年长江中游城市群生产性服务业行业的专注频度情况(见图 3.2、表 3.4 和表 3.5),对比分析表 3.2、表 3.3、图 3.2、表 3.4 和表 3.5 可以发现:

（1）从整体来看，长江中游城市群中每个城市都有 1—3 个生产性服务业行业的相对专业化程度较高①，如 2014 年武汉专注科技服务业，长沙专注科技服务业和房地产服务业，上饶专注金融服务业、商务服务业和信息服务业；同时每个城市专注的生产性服务业行业也不是一成不变的，如南昌 2003 年专注于交通运输业和科技服务业，2014 年则专注于信息服务业。

（2）从行业来看，长江中游城市群对金融服务业、信息服务业和商务服务业的专注程度一直较高。12 年间（2003—2014 年）专注金融服务业的城市累计频度达到 165 次、信息服务业 100 次、商务服务业 95 次，而专注科技服务业和交通运输业的城市较少，累计频度分别为 70 次和 52 次，尤其是科技服务业，2014 年专注其发展的城市只有 5 个，排名倒数第一。这从一个侧面反映长江中游城市群的整体科技发展水平较低，科技创新能力还有待提高。值得注意的是，最近几年专注信息服务业的城市有所减少，而专注交通运输业的城市有所增加。如 2014 年专注信息服务业的城市有 7 个，而专注交通运输业的城市有 8 个，这可能和近几年长江中游城市群信息产业发展滞后和物流业高速发展有极大关系。房地产服务业在长江中游城市群中总体专注程度一直比较平稳，其专注累计频度为 84 次，从侧面反映了长江中游城市群对房地产业的依赖程度不高。具体来说，12 年间（2003—2014 年）房地产服务业的发展在长江中游城市群中出现过两个小高峰，分别为 2007 年有 10 个城市专注、2010 年有 9 个城市专注。这个现象正好契

---

① 一般某城市生产性服务业某行业相对专业化指数大于 1，就认为该城市此行业在长江中游城市群中呈现出专业化特征；大于 1.2，则表示该城市此行业在长江中游城市群中相对专业化程度较高。

合了我国房地产业的发展路径:2006年房价进入快速上涨通道,2007年达到高峰,2008年受累于金融危机房价滞胀,2009年随着国家刺激政策出台,房价开始恢复增长,2010年下半年达到高峰,之后受调控政策影响,房价又进入观望期。虽然总体上来说,长江中游城市群对房地产业的依赖程度不是很高,但是个别城市房地产服务业的相对专业化程度较高,值得关注。如2014年鄂州、襄阳和株洲3个城市对房地产服务业的专注程度就较高,表明这3个城市对房地产业的依赖程度较高。

(3)从城市来看,南昌、武汉和长沙3个区域中心城市12年间(2003—2014年)专注的生产性服务业是不同的,各有侧重。如南昌历来重视交通运输业的发展,12年间专注次数达到11次,但在2014年这种情况有所变化,专注的重点转为信息服务业;武汉高度重视科技服务业的发展,12年间专注次数达到10次,同时对交通运输业也较为重视,专注次数达到7次;长沙高度重视科技服务业和房地产服务业,12年间专注次数达到12次。

表3.2　2003年长江中游城市群生产性服务业行业相对专业化指数

城市	大于1.2的行业*	交通运输业(1)	信息服务业(2)	金融服务业(3)	房地产服务业(4)	商务服务业(5)	科技服务业(6)
南昌	1 6	1.303	0.877	0.801	0.556	0.482	1.227
武汉	6	0.968	0.938	0.705	1.154	1.128	1.385
长沙	2 6 4	0.726	1.599	0.799	1.296	1.054	1.510
景德镇	4 6	0.698	1.152	1.040	2.121	0.463	1.488
萍乡	3	1.115	1.142	1.410	1.033	0.138	0.677
九江	3	0.949	1.193	1.303	0.749	0.787	0.850

续表

城市	大于1.2的行业*	交通运输业(1)	信息服务业(2)	金融服务业(3)	房地产服务业(4)	商务服务业(5)	科技服务业(6)
新余	5 1	1.422	0.432	0.312	0.130	2.893	0.256
鹰潭	3 2 6	0.568	1.599	1.926	0.459	0.138	1.250
吉安	3	1.123	0.997	1.300	1.001	0.501	0.631
宜春	2 4	1.124	1.510	1.039	1.409	0.423	0.664
抚州	3 2	1.059	1.255	1.489	1.113	0.312	0.471
上饶	3 4 2	0.840	1.284	1.595	1.290	0.516	0.586
黄石	5	1.082	0.880	0.833	0.947	1.364	0.860
宜昌	5	0.955	0.755	1.005	1.079	1.277	0.966
襄阳	6	1.038	0.879	1.031	1.035	0.329	1.409
鄂州	5 1	1.277	0.375	0.632	1.055	1.582	0.718
荆门	3	0.851	0.851	1.340	1.052	0.750	1.074
孝感	5	0.811	0.755	0.973	0.928	2.201	0.727
荆州	3	1.024	1.036	1.206	0.867	0.853	0.787
黄冈	3	1.069	0.766	1.201	1.116	0.785	0.768
咸宁	1	1.366	0.840	0.921	0.482	0.940	0.602
株洲	3	0.944	0.904	1.214	1.136	0.863	0.894
湘潭	3	0.801	0.708	1.563	1.008	0.605	1.049
衡阳	4 3	1.016	0.801	1.412	1.491	0.358	0.690
岳阳	3 1	1.260	1.013	1.297	0.551	0.331	0.635
常德	5 3	0.939	1.065	1.282	0.698	1.423	0.507
益阳	2 3	0.948	1.806	1.476	0.778	0.622	0.423
娄底	5	0.802	0.593	0.798	0.596	3.219	0.469

注：*说明此列填写的数字为表第1行中生产性服务业细分行业的代码，即细分行业圆括号中的数字代码，按指数大小排序。后表同。

表 3.3　2014 年长江中游城市群生产性服务业行业相对专业化指数

城市	大于1.2的行业*	交通运输业(1)	信息服务业(2)	金融服务业(3)	房地产服务业(4)	商务服务业(5)	科技服务业(6)
南昌	2	0.671	2.037	0.956	0.881	1.186	1.034
武汉	6	0.929	0.895	0.946	0.911	0.896	1.452
长沙	4 6	0.628	0.853	1.143	1.392	0.936	1.392
景德镇	1	1.211	1.163	0.940	0.698	0.472	1.181
萍乡	3	0.897	0.864	2.053	0.679	0.036	0.857
九江	5	0.964	0.877	1.093	0.829	1.441	0.861
新余	3	0.971	0.890	1.544	0.849	0.743	0.710
鹰潭	1	1.444	0.853	1.073	0.822	0.392	0.658
吉安	1	1.378	0.942	0.990	0.661	0.773	0.718
宜春	3 1	1.373	0.863	1.556	0.675	0.355	0.296
抚州	1 3 4	1.330	0.816	1.228	1.228	0.299	0.415
上饶	3 5 2	0.671	1.325	1.598	1.089	1.495	0.214
黄石	5	1.134	0.725	0.693	0.983	1.204	1.188
宜昌	5 1	1.205	0.522	0.431	1.041	1.857	1.003
襄阳	4 6	0.820	0.622	0.856	1.550	0.744	1.530
鄂州	4 5	0.951	1.072	0.848	1.466	1.367	0.576
荆门	2	1.152	1.504	0.984	0.796	0.641	0.804
孝感	1 5 2	1.526	1.210	0.385	0.990	1.373	0.316
荆州	3 2	1.013	1.305	1.453	0.691	0.438	0.834
黄冈	3 4 2	0.792	1.233	1.452	1.426	0.403	0.719

续表

城市	大于1.2的行业*	交通运输业(1)	信息服务业(2)	金融服务业(3)	房地产服务业(4)	商务服务业(5)	科技服务业(6)
咸宁	2	0.997	1.264	0.984	1.022	1.048	0.794
株洲	4 5 3	0.235	0.868	1.335	1.806	1.726	1.003
湘潭	1	2.226	0.760	0.450	0.444	0.339	0.287
衡阳	3	0.707	0.772	1.570	1.135	1.034	0.846
岳阳	6 3	0.639	1.166	1.329	0.820	0.602	1.661
常德	5 6	0.536	0.927	0.933	0.905	1.912	1.547
益阳	3	0.648	0.931	2.165	0.579	1.040	0.541
娄底	5 3	0.907	1.151	1.295	0.672	1.517	0.606

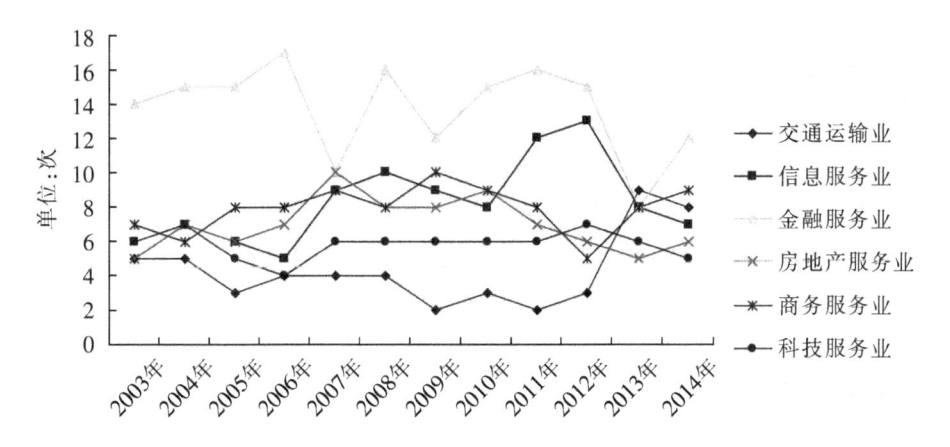

图 3.2 2003—2014 年长江中游城市群生产性服务业行业专注频度情况

表 3.4 2003—2014 年长江中游城市群生产性服务业行业专注频度情况

单位:次

年份	交通运输业	信息服务业	金融服务业	房地产服务业	商务服务业	科技服务业
2003	5	6	14	5	7	6
2004	5	7	15	7	6	7
2005	3	6	15	6	8	5
2006	4	5	17	7	8	4
2007	4	9	10	10	9	6
2008	4	10	16	8	8	6
2009	2	9	12	8	10	6
2010	3	8	15	9	9	6
2011	2	12	16	7	8	6
2012	3	13	15	6	5	7
2013	9	8	8	5	8	6
2014	8	7	12	6	9	5
合计	52	100	165	84	95	70

表 3.5 2003—2014 年长江中游城市群
区域中心城市生产性服务业行业专注频度情况

单位:次

城市	交通运输业	信息服务业	金融服务业	房地产服务业	商务服务业	科技服务业
南昌	11	1	—	—	1	3
武汉	7	1	—	1	—	10
长沙	—	1	—	12	2	12

3.3 长江中游城市群区域中心城市与其他城市间的生产性服务业相对专业化特征

根据公式(2.3)可以计算出 2003—2014 年南昌、武汉和长沙等 3 个区域中心城市与长江中游城市群其他城市间的生产性服务业相对专业化指数(见表 3.6、图 3.3),认真分析表 3.6 和图 3.3 可以发现:

(1)区域中心城市与长江中游城市群其他城市间的生产性服务业相对专业化指数较低,彼此间专业化分工特征不明显。① 12 年间(2003—2014 年)只有在 2014 年长沙与湘潭的城市间相对专业化指数(1.001)大于 1,且大部分城市间相对专业化指数低于 0.5,从侧面反映了整个长江中游城市群城市之间生产性服务业的产业同构现象比较严重。

(2)从相对专业化指数数值变化趋势来看,12 年间(2003—2014 年)3 个区域中心城市与长江中游城市群其他城市间的生产性服务业专业分工大多经历了低-高-低的倒"U"形变化。开始大部分城市是较低水平的专业分工,大约在 2007—2011 年城市间专业分工特征出现增强的发展趋势,但在 2011 年以后大部分城市间专业分工特征又趋于减弱。

(3)南昌、武汉和长沙等 3 个城市间的专业分工特征不明显,产业同构现象严重。具体而言,南昌与武汉间的专业分工一直处于较低的水平,2003 年为 0.288,2014 年为 0.292,12 年间几乎没有变化;武汉与长沙间的专业分工经历了典型的倒"U"形变化,2003 年为 0.193,

---

① 由于城市间相对专业化指数的取值在 0—2 之间,所以一般认为如果某两个城市间的相对专业化指数大于 1,则认为这两个城市间存在专业化分工特征。

2014年为0.215,在2007—2011年平均在0.5以上,2012年以后迅速下降;南昌与长沙间专业分工特征的变化和武汉与长沙间的变化大致相似,只不过南昌与长沙间专业分工水平的起点(2003年为0.420)和终点(2014年为0.315)都要高于武汉与长沙间的专业分工水平;南昌、武汉与长沙这3个区域中心城市彼此间的专业分工水平明显偏低,2014年最高的城市间相对专业化指数只有0.315(南昌与长沙间),3个城市的产业发展同构现象明显。

(4)新余、湘潭和益阳三市与区域中心城市间的生产性服务业专业分工变化特征值得关注。具体而言,新余与南昌、武汉、长沙3个区域中心城市间的生产性服务业专业分工发展12年间(2003—2014年)呈现出震荡下行的趋势,特别是新余与长沙间的生产性服务业专业分工发展下行趋势明显;湘潭与南昌、武汉、长沙3个区域中心城市间的生产性服务业专业分工发展12年间(2003—2014年)呈现出震荡上行的趋势,特别是湘潭与长沙间的生产性服务业专业分工发展趋势在2012年后出现了明显的拉升现象;益阳与南昌、武汉这两个区域中心城市间的生产性服务业专业分工发展趋势呈现出典型的倒"U"形特征,并且其分工水平相对于其他城市而言处于一种较高的状态(大部分城市间相对专业化指数小于0.5,而益阳与南昌、武汉间的相对专业化指数在12年间平均值大于0.5)。

表 3.6 2003—2014 年南昌、武汉和长沙与长江中游城市群其他城市间生产性服务业的相对专业化指数

城市	2003 年			2014 年			2003—2014 年		
	南昌	武汉	长沙	南昌	武汉	长沙	南昌	武汉	长沙
南昌	—	0.288	0.420	—	0.292	0.315	—	0.004	-0.105
武汉	0.288	—	0.193	0.292	—	0.215	0.004	—	0.022
长沙	0.420	0.193	—	0.315	0.215	—	-0.105	0.022	—
景德镇	0.444	0.349	0.226	0.381	0.230	0.427	-0.063	-0.119	0.201
萍乡	0.384	0.461	0.565	0.585	0.447	0.539	0.201	-0.014	-0.026
九江	0.372	0.311	0.394	0.294	0.198	0.324	-0.078	-0.113	-0.070
新余	0.642	0.737	0.930	0.426	0.268	0.384	-0.216	-0.469	-0.546
鹰潭	0.627	0.656	0.520	0.531	0.373	0.511	-0.096	-0.283	-0.009
吉安	0.313	0.395	0.520	0.456	0.308	0.487	0.143	-0.087	-0.033
宜春	0.316	0.382	0.416	0.681	0.524	0.635	0.365	0.142	0.219
抚州	0.447	0.472	0.561	0.614	0.448	0.474	0.167	-0.024	-0.087
上饶	0.532	0.478	0.450	0.381	0.524	0.425	-0.151	0.046	-0.025
黄石	0.272	0.197	0.346	0.366	0.214	0.375	0.094	0.017	0.029
宜昌	0.350	0.173	0.313	0.521	0.414	0.560	0.171	0.241	0.247

续表

城市	2003年 南昌	2003年 武汉	2003年 长沙	2014年 南昌	2014年 武汉	2014年 长沙	2003—2014年 南昌	2003—2014年 武汉	2003—2014年 长沙
襄阳	0.228	0.209	0.334	0.415	0.191	0.203	0.187	-0.018	-0.131
鄂州	0.322	0.329	0.522	0.369	0.296	0.358	0.047	-0.033	-0.164
荆门	0.379	0.293	0.341	0.313	0.275	0.457	-0.066	-0.018	0.116
孝感	0.527	0.371	0.407	0.604	0.560	0.727	0.077	0.189	0.320
荆州	0.337	0.285	0.404	0.415	0.338	0.456	0.078	0.053	0.052
黄冈	0.325	0.296	0.429	0.420	0.407	0.312	0.095	0.111	-0.117
咸宁	0.206	0.389	0.521	0.253	0.193	0.337	0.047	-0.196	-0.184
株洲	0.362	0.235	0.350	0.514	0.572	0.360	0.152	0.337	0.010
湘潭	0.442	0.396	0.407	0.973	0.812	1.001	0.531	0.416	0.594
衡阳	0.411	0.408	0.521	0.338	0.341	0.244	-0.073	-0.067	-0.277
岳阳	0.248	0.496	0.617	0.334	0.269	0.223	0.086	-0.227	-0.394
常德	0.484	0.352	0.463	0.313	0.253	0.270	-0.171	-0.099	-0.193
益阳	0.503	0.476	0.502	0.488	0.530	0.463	-0.015	0.054	-0.039
娄底	0.636	0.525	0.554	0.356	0.325	0.420	-0.280	-0.200	-0.134

a(南昌)

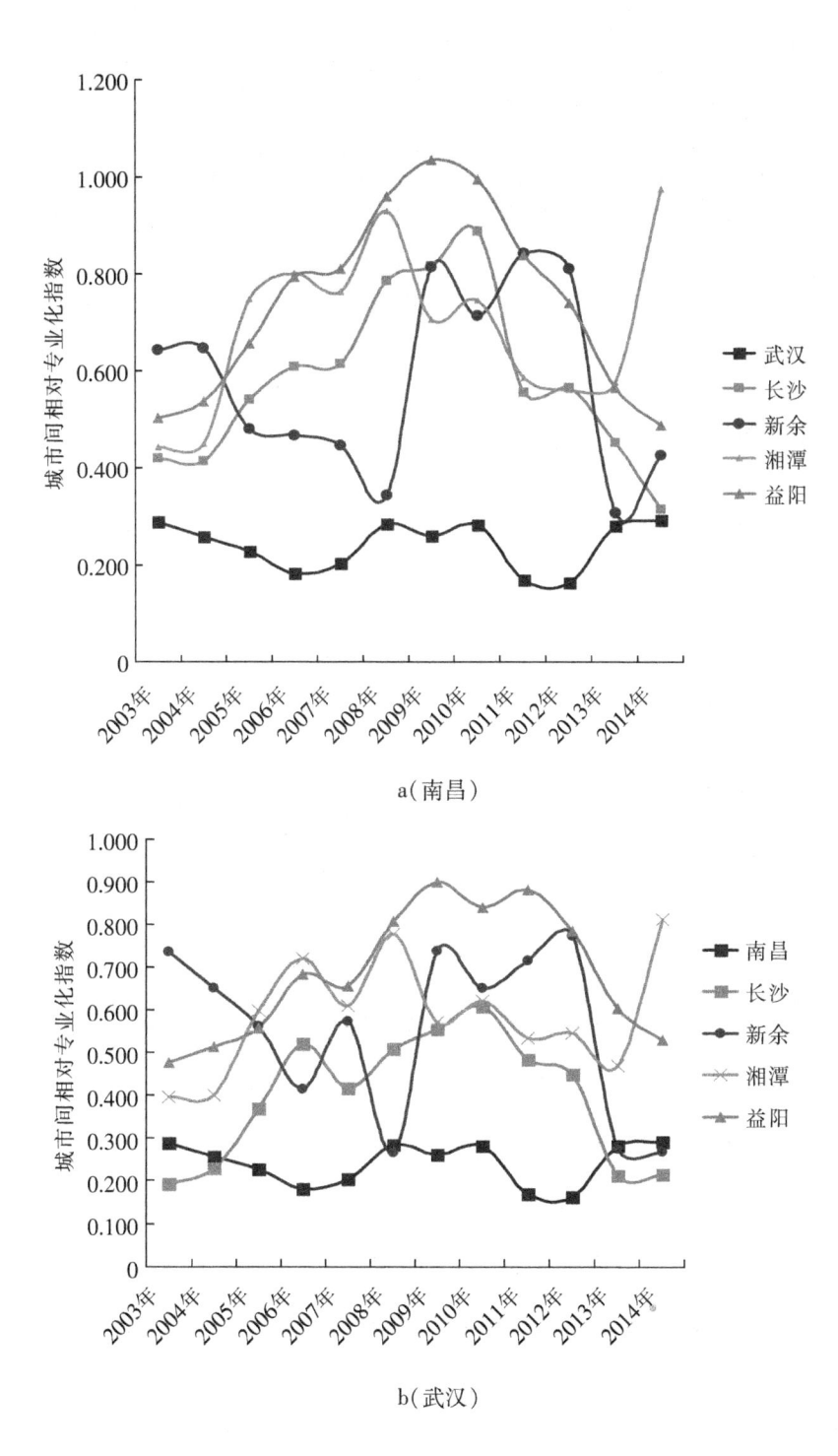

b(武汉)

c(长沙)

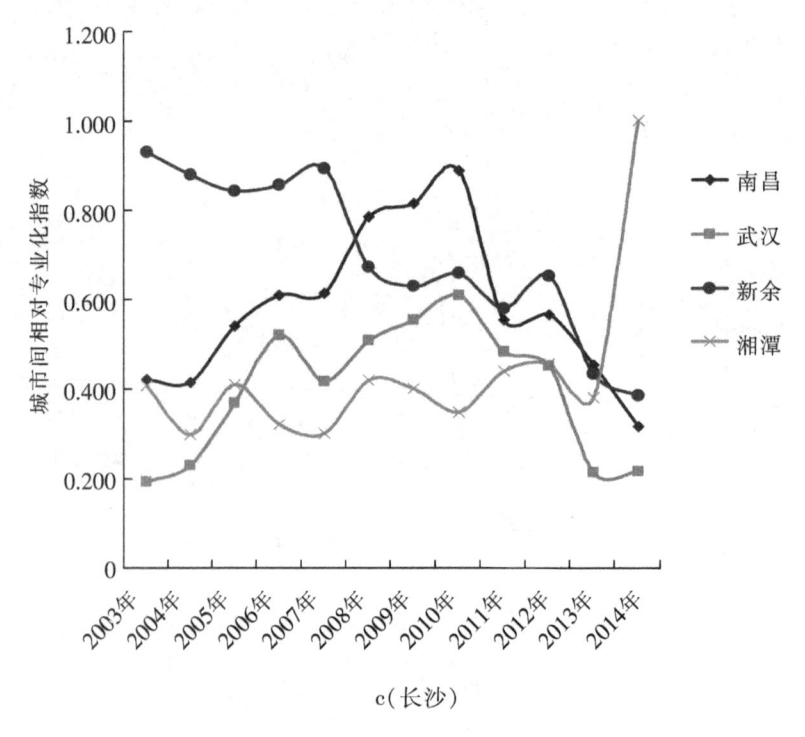

图3.3 2003—2014年长江中游城市群区域中心城市
与其他城市间生产性服务业专业分工发展趋势

3.4 长江中游城市群生产性服务业地方化特征

根据公式(2.4)可以计算出2003—2014年长江中游城市群生产性服务业各行业地方化指数(见表3.7、图3.4),比较分析表3.7和图3.4可以发现:

(1)长江中游城市群生产性服务业的地方化程度普遍较高,即6个生产性服务业行业在长江中游城市群各城市产业结构中差异性较大(一般认为如果行业地方化指数大于0.12,则该行业的地方化程度较高)。2014年,长江中游城市群中6个生产性服务业行业的地方化指数都大于0.12,其中地方化程度最高的为科技服务业(0.189),其次为商务服务业(0.177),最低的为房地产服务业(0.122)。

(2)长江中游城市群生产性服务业行业的地方化发展趋势因行业不同而呈现出不同的变化特征。12年间(2003—2014年),交通运输业和信息服务业的地方化发展呈现出明显的增强趋势;商务服务业的地方化发展呈现出明显的减弱趋势;科技服务业和金融服务业的地方化发展一直比较平稳,趋势不明显;值得注意的是房地产服务业的地方化发展趋势呈现出倒"U"形特征,这可能与各地方不同时期有不同的房地产政策有关。

表3.7 2003—2014年长江中游城市群生产性服务业各行业地方化指数

年份	交通运输业	信息服务业	金融服务业	房地产服务业	商务服务业	科技服务业
2003	0.069	0.115	0.131	0.126	0.225	0.171
2004	0.077	0.092	0.142	0.164	0.234	0.171
2005	0.105	0.066	0.176	0.177	0.208	0.147
2006	0.136	0.098	0.190	0.181	0.200	0.144
2007	0.131	0.116	0.117	0.201	0.215	0.167
2008	0.162	0.112	0.169	0.214	0.248	0.185
2009	0.163	0.125	0.129	0.234	0.241	0.161
2010	0.191	0.112	0.147	0.224	0.217	0.153
2011	0.158	0.134	0.153	0.192	0.208	0.138
2012	0.171	0.152	0.159	0.200	0.231	0.165
2013	0.124	0.112	0.116	0.148	0.201	0.171
2014	0.167	0.132	0.143	0.122	0.177	0.189

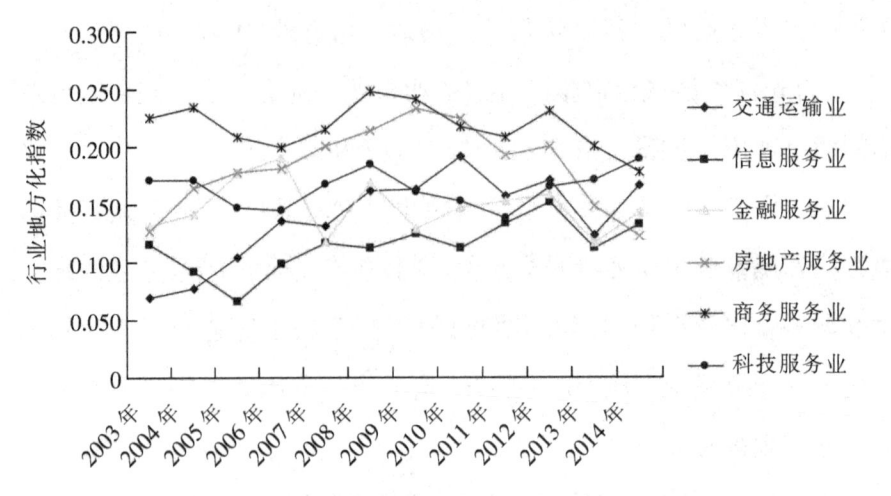

图 3.4　2003—2014 年长江中游城市群生产性服务业各行业地方化发展趋势

3.5 长江中游城市群生产性服务业集聚特征

熵权法相对主观赋值法而言,具有精度高、客观性强,能够更好地解释所得到结果的特点。为了从整体上把握长江中游城市群生产性服务业的集聚特征,本书采用熵权法测度了该区域生产性服务业的集聚水平(见图 3.5、表 3.8),仔细分析对比表 3.8 和图 3.5 可以发现:

(1)长江中游城市群中大部分城市(武汉、南昌、长沙除外)的生产性服务业集聚水平较低,12 年间(2003—2014 年)大多在 0.003 左右,外围特征明显。

(2)长江中游城市群区域中心城市(武汉、南昌、长沙)的生产性服务业集聚水平一直高于其他城市,而且这种差距有持续增大的发展趋势。3 个区域中心城市中武汉的集聚水平最高,核心特征最明显,而南昌的集聚水平是最低的,核心作用较弱。

(3)长江中游城市群生产性服务业发展存在明显的"核心-外围"格局。武汉、长沙和南昌为 3 个区域集聚核心,其他城市为发展外围,这种发展格局有进一步强化的趋势。

（4）最近几年，有两个城市的生产性服务业发展需要关注：一个为宜昌，另一个为孝感。这两个城市从 2011 年开始，集聚水平有较大提高，分别从 2011 年的 0.0033 和 0.0031，提高到 2014 年的 0.0036 和 0.0035，说明这两个城市的生产性服务业发展在长江中游城市群中初现中心特征。

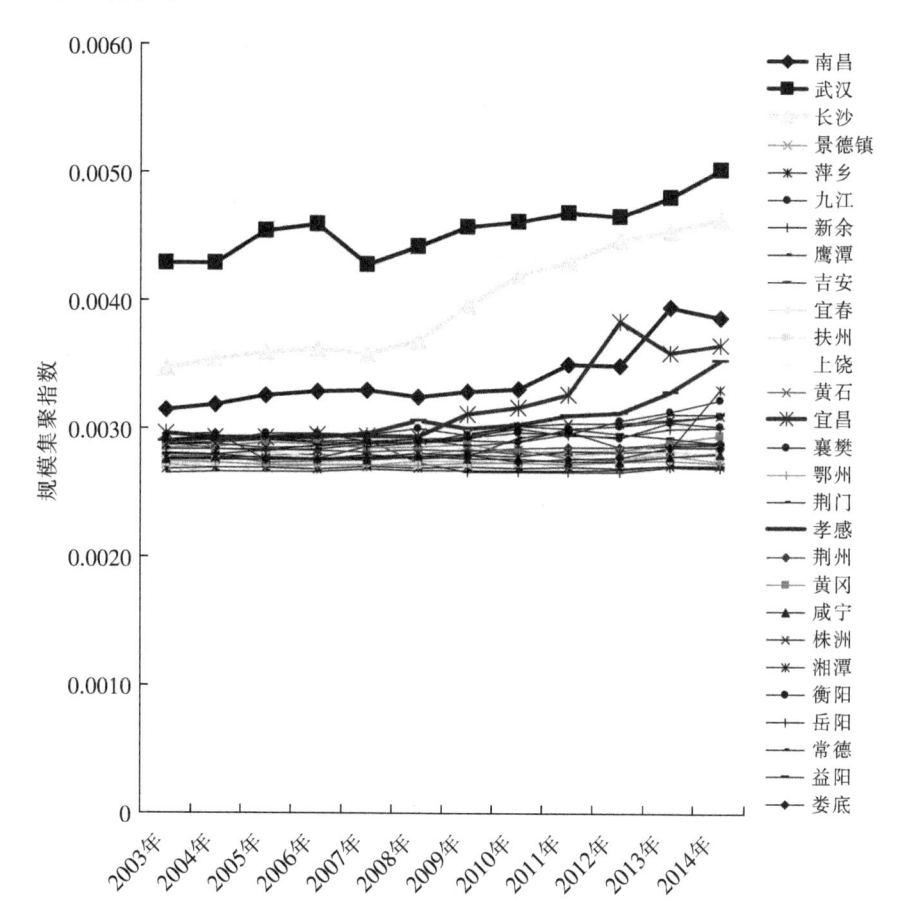

图 3.5　2003—2014 年长江中游城市群各城市生产性服务业集聚水平

表 3.8　2003—2014 年长江中游城市群生产性服务业集聚指数

城市	2003 年	2004 年	2005 年	2006 年	2007 年	2008 年	2009 年	2010 年	2011 年	2012 年	2013 年	2014 年
南昌	0.0031	0.0032	0.0033	0.0033	0.0033	0.0032	0.0033	0.0033	0.0035	0.0035	0.0040	0.0039
武汉	0.0043	0.0043	0.0045	0.0046	0.0043	0.0044	0.0046	0.0046	0.0047	0.0047	0.0048	0.0050
长沙	0.0035	0.0035	0.0036	0.0036	0.0036	0.0037	0.0040	0.0042	0.0043	0.0045	0.0045	0.0046
景德镇	0.0027	0.0027	0.0027	0.0027	0.0027	0.0027	0.0027	0.0027	0.0027	0.0028	0.0028	0.0027
萍乡	0.0027	0.0027	0.0027	0.0027	0.0027	0.0027	0.0027	0.0027	0.0027	0.0027	0.0027	0.0027
九江	0.0029	0.0029	0.0030	0.0030	0.0029	0.0029	0.0029	0.0030	0.0030	0.0029	0.0031	0.0030
新余	0.0029	0.0029	0.0029	0.0029	0.0029	0.0027	0.0027	0.0027	0.0027	0.0027	0.0027	0.0027
鹰潭	0.0026	0.0027	0.0027	0.0027	0.0027	0.0027	0.0027	0.0027	0.0027	0.0027	0.0027	0.0027
吉安	0.0028	0.0028	0.0028	0.0028	0.0028	0.0028	0.0028	0.0028	0.0028	0.0028	0.0029	0.0029
宜春	0.0028	0.0028	0.0028	0.0028	0.0028	0.0028	0.0028	0.0028	0.0028	0.0028	0.0029	0.0029
抚州	0.0027	0.0027	0.0027	0.0027	0.0027	0.0027	0.0027	0.0027	0.0027	0.0028	0.0028	0.0028
上饶	0.0028	0.0028	0.0028	0.0028	0.0028	0.0031	0.0030	0.0028	0.0028	0.0029	0.0029	0.0029
黄石	0.0028	0.0028	0.0027	0.0027	0.0028	0.0028	0.0028	0.0028	0.0028	0.0028	0.0028	0.0028
宜昌	0.0030	0.0029	0.0029	0.0029	0.0029	0.0029	0.0031	0.0032	0.0033	0.0038	0.0036	0.0036
襄阳	0.0029	0.0029	0.0029	0.0029	0.0029	0.0029	0.0029	0.0029	0.0030	0.0031	0.0031	0.0032

续表

城市	2003年	2004年	2005年	2006年	2007年	2008年	2009年	2010年	2011年	2012年	2013年	2014年
鄂州	0.0027	0.0027	0.0027	0.0027	0.0027	0.0027	0.0027	0.0027	0.0027	0.0027	0.0028	0.0027
荆门	0.0028	0.0028	0.0028	0.0028	0.0028	0.0028	0.0028	0.0029	0.0030	0.0029	0.0029	0.0029
孝感	0.0029	0.0029	0.0029	0.0029	0.0030	0.0031	0.0030	0.0030	0.0031	0.0031	0.0033	0.0035
荆州	0.0029	0.0028	0.0028	0.0028	0.0028	0.0028	0.0028	0.0028	0.0029	0.0029	0.0029	0.0029
黄冈	0.0029	0.0029	0.0029	0.0029	0.0028	0.0029	0.0029	0.0028	0.0028	0.0028	0.0029	0.0029
咸宁	0.0028	0.0028	0.0028	0.0028	0.0028	0.0028	0.0028	0.0028	0.0027	0.0027	0.0028	0.0028
株洲	0.0029	0.0029	0.0028	0.0028	0.0029	0.0029	0.0030	0.0030	0.0030	0.0030	0.0031	0.0031
湘潭	0.0029	0.0028	0.0028	0.0028	0.0028	0.0028	0.0028	0.0028	0.0028	0.0028	0.0028	0.0033
衡阳	0.0028	0.0029	0.0029	0.0030	0.0030	0.0030	0.0030	0.0030	0.0030	0.0030	0.0031	0.0031
岳阳	0.0028	0.0028	0.0028	0.0028	0.0029	0.0029	0.0029	0.0030	0.0029	0.0029	0.0030	0.0030
常德	0.0028	0.0028	0.0028	0.0029	0.0029	0.0029	0.0029	0.0030	0.0030	0.0030	0.0031	0.0031
益阳	0.0028	0.0028	0.0028	0.0028	0.0028	0.0029	0.0028	0.0029	0.0030	0.0030	0.0029	0.0029
娄底	0.0030	0.0030	0.0028	0.0028	0.0028	0.0028	0.0028	0.0027	0.0028	0.0028	0.0029	0.0029

3.6 小结

本章通过计算并分析2003—2014年长江中游城市群的城市相对专业化指数、行业相对专业化指数、城市间相对专业化指数、行业地方化指数、规模集聚指数的变化特征和发展趋势,得出如下结论:

(1)长江中游城市群的生产性服务业相对专业化程度总体较低,南昌、武汉和长沙3个区域中心城市在该区域的生产性服务业专业化分工体系中呈现出多样化特征,其中武汉的多样化特征表现得尤为明显。

(2)长江中游城市群中每个城市都有1—3个生产性服务业行业的相对专业化程度较高,其中金融服务业、信息服务业和商务服务业在大部分城市中受到青睐。

(3)长江中游城市群区域中心城市之间以及区域中心城市与其他城市之间的生产性服务业相对专业化指数较低,彼此间专业化分工特征不明显,产业同构现象比较普遍。

(4)长江中游城市群生产性服务业的地方化程度普遍较高,6个生产性服务业行业在各个城市中受到的重视程度差异较大。

(5)长江中游城市群生产性服务业发展存在明显的"核心-外围"格局,其中武汉、长沙和南昌为核心集聚区,其他城市为发展外围,并且这种发展格局有进一步强化的趋势。

第 4 章 生产性服务业的空间效应

从第3章第5节(3.5)的分析可以发现,生产性服务业在长江中游城市群已形成"核心-外围"的发展格局。根据经济地理学有关理论,核心城市对周边城市(外围地区)会产生扩散和虹吸两种空间效应。[①] 为了准确把握长江中游城市群生产性服务业在发展过程中形成的"核心-外围"格局导致的空间效应的具体表现形式和大小,有必要对生产性服务业的空间相关性进行定量分析。根据空间自相关模型,若 *Moran's I* 大于0,则表示空间正相关,生产性服务业高发展区域的周边区域也是高发展区域,区域之间生产性服务业的发展是一种互相的正向影响;若 *Moran's I* 小于0,则表示空间负相关,生产性服务业高发展区域的周边区域往往是低发展区域,区域之间生产性服务业的发展是一种互相的负向影响。事实上,长江中游城市群生产性服务业的发展形成了"核心-外围"格局,如果生产性服务业是空间正相关,那

---

① 扩散效应就是说大城市的资金、信息、技术和人才等经济发展要素会扩散到周边地区,从而辐射带动周边地区的经济发展;而虹吸效应则相反,即大城市会从周边地区吸引集聚经济发展要素,从而导致周边地区发展不足,此效应类似于马太效应,只不过马太效应更强烈持久,更易造成区域发展的两极分化。虹吸效应在经济学中亦称为回波效应。

就说明核心城市周边聚集的城市生产性服务业发展水平也较高,这意味着核心城市生产性服务业的发展会促进周边城市生产性服务业的发展,核心城市对周边城市产生的空间效应主要表现为扩散效应;如果生产性服务业是空间负相关,那就说明生产性服务业发展水平高的核心城市周边聚集的是生产性服务业发展水平较低的城市,核心城市生产性服务业的发展会产生负的空间溢出效应,即对周边城市生产性服务业的发展产生负向的消极影响,核心城市产生的空间效应主要表现为虹吸效应,也就是说核心城市生产性服务业的发展是以吸引集聚周边城市的经济发展要素为代价的。

事实上,如果只有单个年份的 Moran's I 值为负,并不一定能说明虹吸效应是主要效应,也有可能扩散效应是主要效应,只不过扩散效应可能还没有大到可以改变空间负相关格局;但是如果大部分年份的 Moran's I 值为负,尤其是持续多年一直为负,则虹吸效应为主要效应就是大概率事件,否则无法解释空间负相关格局持续多年不变的事实,因为如果扩散效应是主要效应,则空间负相关格局历经多年是会发生改变的。本书将 Moran's I 值为负解释为空间效应主要表现为虹吸效应,是基于概率的角度来考虑的,即 Moran's I 值为负,空间效应主要为虹吸效应是概率较大事件;同理,如果 Moran's I 值为正,空间效应主要为扩散效应就是概率较大事件。由于虹吸效应和扩散效应本质上就是空间负溢出效应和空间正溢出效应,从空间计量经济学的角度来看,可以通过将生产性服务业的空间滞后(溢出)项作为自变量,采用回归计算获得空间滞后(溢出)项的系数估计值,若系数为负,则存在空间负溢出效应即虹吸效应,反之则为扩散效应。从逻辑上来说,如果生产性服务业的 Moran's I 值和其空间滞后(溢出)项的系数估计值一致(正负号一致),则从空间计量经济学的角度印证了采用

Moran's I 值来判断生产性服务业空间效应(虹吸效应和扩散效应)的科学性。①

4.1 空间相关性结果及分析

为使分析更加全面和科学,可以从生产性服务业的规模(从业人数)和结构(城市相对专业化指数和行业相对专业化指数)两方面来进行空间相关性分析。在进行空间相关性分析前,一般需要确定空间权重矩阵。本书根据长江中游城市群的城市分布现状,选择空间相邻作为空间权重矩阵设定原则(有共有边界为1,否则为0),得到长江中游城市群的空间邻接矩阵(见表4.1);然后根据空间自相关模型,采用常用空间统计软件 GeoDa,计算得到长江中游城市群生产性服务业2003—2014年的空间相关性结果(见表4.2、4.3和图4.1、4.2),仔细分析表4.2、4.3和图4.1、4.2可以发现:

(1)从规模(从业人数)来看,6个生产性服务业行业12年间(2003—2014年)Moran's I 值都为负,且有些年份有些行业的 Moran's I 值比较显著(精确概率 p 值较小),说明长江中游城市群生产性服务业发展所形成的"核心-外围"格局导致的空间效应主要表现为虹吸效应;其中科技服务业、金融服务业、信息服务业和交通运输业在大部分时期 Moran's I 值小于-0.1,说明这些行业受到虹吸效应的影响较大,尤其是科技服务业和金融服务业所受虹吸效应的影响更加明显(Moran's I 历年均值小于-0.15)。事实上,3个区域中心城市较其他城市而言,是科技人才(高校科研人员)和金融人才(银行工作人员)

---

① 本书5.1节"生产性服务业影响因素的空间计量分析"中对生产性服务业的空间滞后项进行了验证,结果符合预期。

的聚集地,在发展和吸引这两类人才方面具有先天优势。因此,虹吸效应在科技服务业和金融服务业上的表现尤为明显。从图4.1中6个生产性服务业行业 Moran's I 值的变化来看,商务服务业和房地产服务业的变化幅度比较大,有些年份很强,有些年份很弱,甚至有些时候虹吸效应几乎为零。如商务服务业2004年的 Moran's I 值为-0.001,房地产服务业为-0.088,说明这两个行业发展产生的虹吸效应变化情况比较复杂。

(2)从结构(城市相对专业化指数和行业相对专业化指数)来看,大部分生产性服务业行业(科技服务业除外)结构指标的 Moran's I 值有时为正、有时为负,说明长江中游城市群生产性服务业发展所形成的"核心-外围"格局导致的空间效应有时表现为扩散效应,有时表现为虹吸效应。理论上来说,虹吸效应对生产性服务业规模上的影响幅度大小必然会在生产性服务业的结构指标上有所体现。事实上,由于生产性服务业在规模上所受到的影响会因行业和时间的不同而不同,就可能导致生产性服务业在结构上也会因行业和时间的不同而不同,即时正时负。一个中小城市为了经济发展更加有序和高效,往往会制订产业发展规划,这些规划很多情况下是通过学习参照周边大城市的产业发展经验而制订的。如某大城市提出要大力发展金融服务业,则周边城市制订大力发展金融服务业的产业发展规划就是个大概率事件。这就导致了大城市周边城市产业发展规划的相似性,在产业分布空间上则体现出结构方面的空间相关性。事实上,这本身就是一种类似于知识溢出的空间效应,也是大城市对周边地区扩散效应的一种表现形式。生产性服务业结构指标空间效应的时正时负,即有时为扩散效应、有时为虹吸效应,可能暗示着:地方政府制订的有关生产性服务业行业的发展规划,或者说某地在专注某种生产性服务业行业时,由于生产性服务业在规模上持续受到虹吸效应的影响,量变导致质变,从而该地规划需要发展的生产性服务业行业或需要专注的生产性服务业行业时往往因为经济发展要素的丧失而无法长期专注,不得不调整或改变原来专注发展的生产性服务业行业,这与 3.2 节中的"每个城市专注的生产性服务业行业也不是一成不变的"分析结果是一致的。

Moran's I 值只能反映整个区域生产性服务业的空间相关性,而不能反映空间相关性的局部特征。为了进一步了解长江中游城市群生产性服务业的局部空间相关性特征细节,有必要计算并绘制 Moran 散点图。考虑到 2007 年生产性服务业的全局 Moran's I 值最为显著(精确概率 p 值为 0.057),其局部空间相关性特征应该会比较显著,细节应该会比较丰富,更有利于科学分析,因此本书以 2007 年的生产性服务业为代表,绘制其 Moran 散点图(见图 4.3)。分析图 4.3,可以发现在长江中游城市群中,属于 L-H 类型的城市有 13 个,约占总数的 47%,L-L 类型的城市有 10 个,约占总数的 35%,H-L 类型的城市有 5 个,约占总数的 18%,而 H-H 类型的城市 0 个。L-H 和 H-L 类型的城市共有 18 个,约占总数的 65%,说明 2007 年长江中游城市群存在明显的空间负相关特征。

表 4.1 长江中游城市群空间邻接矩阵

城市代码	1	2	3	4	5	6	7	8	9	10	11	12	13	14	15	16	17	18	19	20	21	22	23	24	25	26	27	28
南昌 1	0	0	0	0	0	1	0	0	0	0	1	1	0	0	0	0	0	0	0	0	0	0	0	0	0	0	0	0
武汉 2	0	0	0	0	0	0	0	0	0	1	1	1	1	0	0	1	0	1	1	0	1	0	0	0	0	0	0	0
长沙 3	0	0	0	1	1	0	0	0	0	0	0	0	0	0	0	0	0	0	0	0	0	1	1	1	1	1	1	1
景德镇 4	0	0	1	0	0	0	0	0	0	1	0	0	1	0	0	0	0	0	0	0	0	0	0	0	0	0	0	0
萍乡 5	0	0	1	0	0	0	0	1	0	0	0	0	0	0	0	0	0	0	0	0	0	1	0	0	1	0	0	0
九江 6	1	0	0	0	0	0	0	0	0	1	0	1	0	0	0	0	0	0	0	0	0	0	1	0	0	0	0	0
新余 7	0	0	0	0	0	0	0	0	0	0	1	0	1	0	0	0	0	0	0	0	1	0	0	0	0	0	0	0
鹰潭 8	0	0	0	0	1	0	0	0	0	1	0	1	0	0	0	0	0	0	0	0	0	1	0	0	0	0	0	0
吉安 9	0	0	0	0	0	0	1	1	0	0	1	0	0	0	0	0	0	0	0	0	0	0	0	0	0	0	0	0
宜春 10	1	0	0	0	1	0	1	0	0	0	0	0	0	0	0	0	0	0	0	0	0	0	0	1	0	0	0	0
抚州 11	1	0	1	0	0	0	0	0	0	1	0	0	0	0	0	0	0	0	0	0	0	0	0	0	0	0	0	0
上饶 12	1	0	0	0	0	1	0	0	0	0	0	0	0	0	0	0	0	0	0	0	0	0	0	0	0	0	0	0
黄石 13	0	1	0	0	0	0	0	0	0	0	0	0	0	0	0	1	0	0	0	1	0	0	0	0	0	0	0	0
宜昌 14	0	0	0	0	0	0	0	0	0	0	0	0	0	0	0	0	1	0	1	0	1	0	0	0	0	1	0	0
襄阳 15	0	0	0	0	0	0	0	0	0	0	0	0	1	0	0	1	1	0	0	0	0	0	0	0	0	0	0	0

第4章 生产性服务业的空间效应

续表

城市代码	1	2	3	4	5	6	7	8	9	10	11	12	13	14	15	16	17	18	19	20	21	22	23	24	25	26	27	28
鄂州 16	0	1	0	0	0	0	0	0	0	0	0	0	1	0	0	0	0	0	0	1	0	0	0	0	0	0	0	0
荆门 17	0	0	0	0	0	0	0	0	0	0	0	0	0	1	1	0	1	1	1	0	0	0	0	0	0	0	0	0
孝感 18	0	1	0	0	0	0	0	0	0	0	0	0	0	1	0	0	1	0	0	1	0	0	0	0	0	0	0	0
荆州 19	0	0	0	0	0	0	0	0	0	0	0	0	0	0	0	0	1	1	0	0	1	0	0	0	0	1	1	0
黄冈 20	0	1	0	0	0	1	0	0	0	0	0	0	0	0	0	1	0	0	0	0	0	0	0	0	1	1	0	0
咸宁 21	0	1	0	0	0	1	0	0	0	0	0	0	1	0	0	0	0	1	0	0	0	0	0	1	0	0	0	1
株洲 22	0	0	1	1	1	0	0	0	1	0	0	0	0	0	0	0	0	0	0	0	0	0	1	1	1	0	0	1
湘潭 23	0	0	1	0	0	1	0	0	0	1	0	0	0	0	0	0	0	0	0	0	0	1	0	0	0	0	0	0
衡阳 24	0	0	0	1	0	0	1	0	0	0	0	0	0	0	0	0	0	0	1	0	1	1	1	0	0	0	0	1
岳阳 25	0	0	1	0	0	0	0	0	0	1	0	0	0	0	0	0	0	0	0	0	0	1	1	1	0	0	0	0
常德 26	0	0	0	0	0	0	0	0	0	0	0	0	0	0	0	0	0	0	0	0	0	0	0	0	0	0	1	0
益阳 27	0	0	1	0	0	0	0	0	0	0	0	0	0	0	0	0	0	0	1	0	0	0	0	0	0	1	0	1
娄底 28	0	0	1	1	0	0	0	0	0	0	0	0	0	0	0	0	0	0	0	0	0	0	1	1	0	0	1	0

注:表中第1行为城市代码,与表中第1列的城市排列顺序一致。

表 4.2 2003—2014 年长江中游城市群生产性服务业空间相关特征（规模）

年份	生产性服务业 I	生产性服务业 p	交通运输业 I	交通运输业 p	信息服务业 I	信息服务业 p	金融服务业 I	金融服务业 p	房地产服务业 I	房地产服务业 p	商务服务业 I	商务服务业 p	科技服务业 I	科技服务业 p
2003	-0.122	0.142	-0.105	0.211	-0.159	0.049	-0.159	0.091	-0.132	0.083	-0.021	0.637	-0.131	0.092
2004	-0.132	0.093	-0.110	0.189	-0.184	0.017	-0.175	0.088	-0.088	0.295	-0.001	0.668	-0.149	0.068
2005	-0.133	0.060	-0.106	0.137	-0.173	0.016	-0.182	0.053	-0.105	0.158	-0.029	0.589	-0.154	0.056
2006	-0.135	0.060	-0.102	0.129	-0.141	0.021	-0.186	0.057	-0.121	0.155	-0.033	0.590	-0.152	0.052
2007	-0.143	0.057	-0.119	0.088	-0.196	0.021	-0.146	0.065	-0.086	0.354	-0.035	0.532	-0.160	0.031
2008	-0.129	0.087	-0.099	0.150	-0.166	0.060	-0.159	0.093	-0.028	0.655	-0.131	0.242	-0.141	0.035
2009	-0.131	0.097	-0.106	0.142	-0.143	0.080	-0.145	0.104	-0.013	0.662	-0.182	0.099	-0.137	0.062
2010	-0.137	0.100	-0.111	0.113	-0.184	0.027	-0.161	0.073	-0.008	0.682	-0.095	0.340	-0.137	0.071
2011	-0.136	0.096	-0.124	0.067	-0.138	0.111	-0.124	0.172	-0.054	0.483	-0.092	0.343	-0.148	0.059
2012	-0.147	0.106	-0.128	0.083	-0.155	0.092	-0.135	0.149	-0.065	0.439	-0.107	0.300	-0.150	0.101
2013	-0.160	0.089	-0.157	0.088	-0.140	0.159	-0.152	0.100	-0.094	0.306	-0.133	0.195	-0.151	0.076
2014	-0.083	0.353	-0.046	0.498	-0.070	0.467	-0.141	0.119	-0.097	0.338	-0.102	0.319	-0.147	0.092

注：I 为 Moran's I 值，p 为精确概率 p 值。后表同。

表 4.3 2003—2014 年长江中游城市群生产性服务业空间相关特征（结构）

年份	生产性服务业 I	生产性服务业 p	交通运输业 I	交通运输业 p	信息服务业 I	信息服务业 p	金融服务业 I	金融服务业 p	房地产服务业 I	房地产服务业 p	商务服务业 I	商务服务业 p	科技服务业 I	科技服务业 p
2003	0.144	0.055	0.235	0.016	0.179	0.047	0.128	0.084	0.001	0.372	-0.032	0.560	-0.091	0.388
2004	-0.041	0.491	0.326	0.003	0.298	0.013	0.100	0.128	0.129	0.062	-0.017	0.630	-0.099	0.305
2005	-0.124	0.232	0.173	0.049	0.247	0.014	0.200	0.042	0.229	0.022	0.042	0.242	-0.063	0.410
2006	-0.166	0.155	0.209	0.035	0.129	0.098	0.096	0.128	0.178	0.045	-0.002	0.662	-0.109	0.272
2007	-0.114	0.280	0.191	0.036	-0.013	0.591	0.010	0.336	0.169	0.065	-0.081	0.346	-0.130	0.219
2008	0.039	0.255	0.135	0.093	0.300	0.011	-0.054	0.485	0.276	0.005	-0.097	0.293	-0.127	0.255
2009	0.119	0.096	-0.057	0.441	0.442	0.003	0.003	0.366	0.279	0.009	-0.003	0.672	-0.201	0.065
2010	0.076	0.173	-0.010	0.602	-0.038	0.524	0.098	0.130	0.306	0.010	0.029	0.267	-0.231	0.027
2011	0.047	0.249	-0.057	0.434	-0.311	0.004	0.225	0.026	0.147	0.062	0.084	0.165	-0.135	0.209
2012	0.025	0.275	-0.030	0.560	0.191	0.013	0.045	0.233	-0.039	0.529	0.072	0.170	-0.202	0.059
2013	-0.025	0.576	0.240	0.023	-0.189	0.091	0.008	0.321	-0.041	0.543	-0.032	0.536	0.021	0.299
2014	0.048	0.264	-0.178	0.125	-0.010	0.608	0.031	0.281	-0.098	0.285	-0.128	0.233	-0.110	0.293

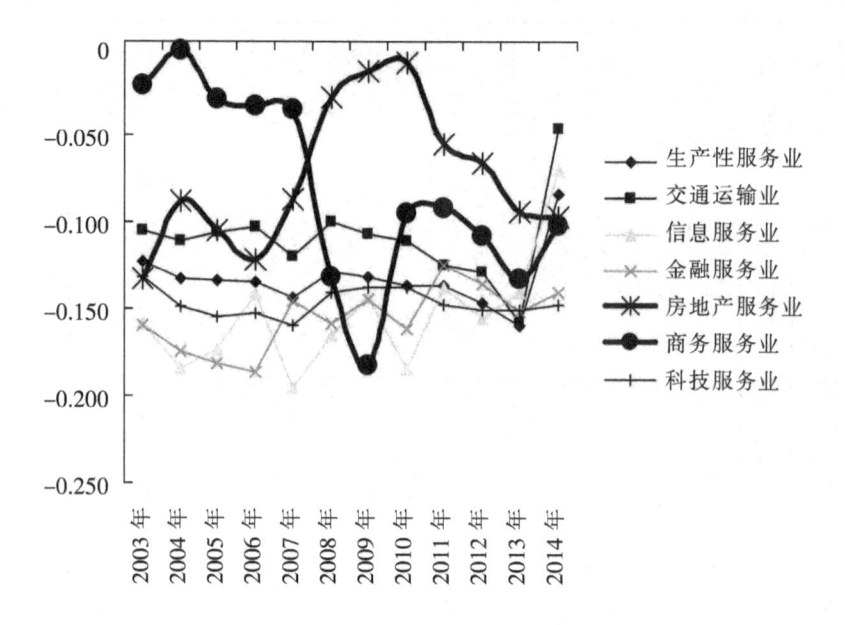

图 4.1 2003—2014 年长江中游城市群生产性服务业规模指标 Moran's I 变化情况

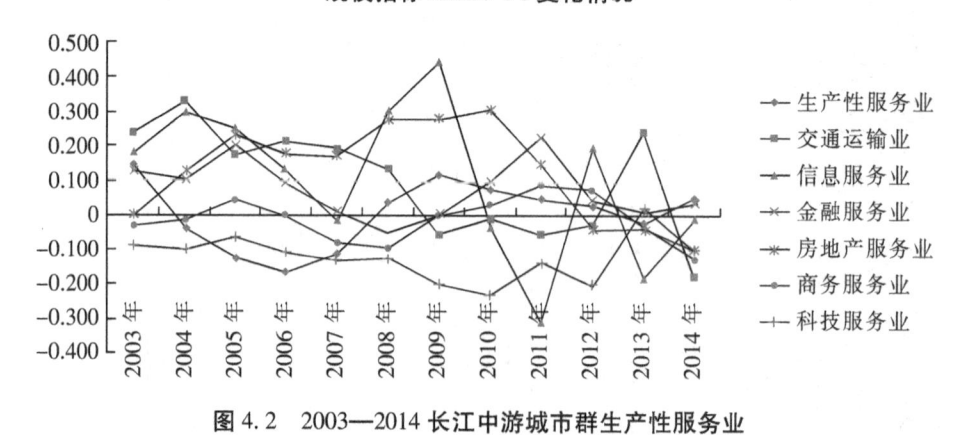

图 4.2 2003—2014 长江中游城市群生产性服务业结构指标 Moran's I 变化情况

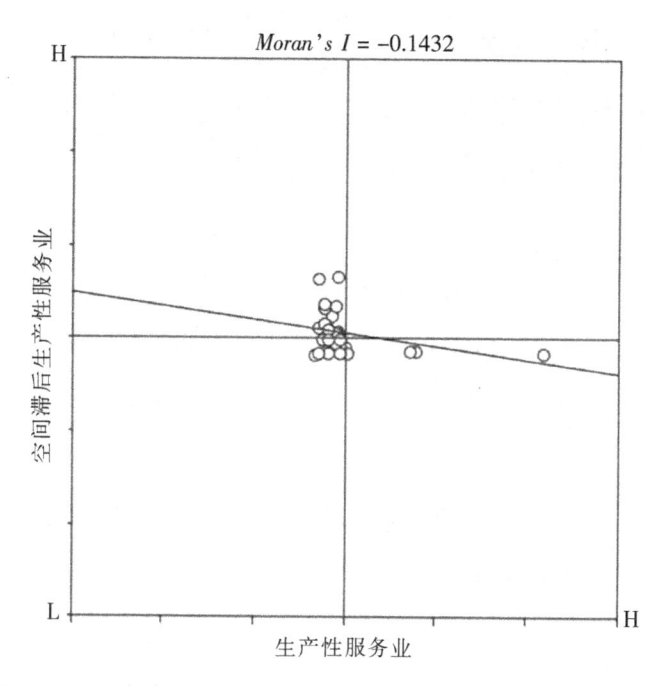

图 4.3　2007 年长江中游城市群生产性服务业的 Moran 散点图

4.2 空间效应影响范围分析

根据 4.1 节的空间相关性分析,长江中游城市群生产性服务业在规模上受到虹吸效应的影响,进一步确定虹吸效应对 6 个生产性服务业行业的空间效应影响范围具有重要意义。理论上来说,不同的空间安排形式即不同的空间权重矩阵,会产生不同的空间效应,不同的空间安排形式可以通过采用不同距离阈值构建的空间权重矩阵来表示。通过考察不同空间安排形式下 Moran's I 值的变化情况,就可以确定空间效应的影响范围。

(1) 距离阈值范围的确定。合理设置空间权重矩阵距离阈值的变化范围,可以保证空间权重矩阵最大限度地逼近现实的空间安排形式,从而进行有效的空间相关性指数计算。距离阈值既不能设置得太小,太小不能保证所有城市都有"邻居";也不能设置得太大,太大则可能所有城市都成为"邻居"。这两种情况都会导致空间权重矩阵的设置有误,从而不能进行有效的空间相关性指数计算。经过测算,长江中游城市群空间权重矩阵的距离阈值范围设定为150—600千米。[①]。

（2）空间效应影响范围的确定。在距离阈值的取值范围内每隔50千米设置一个阈值,根据公式(2.5),可以计算得到不同阈值情况下的 Moran's I 值(见图4.4和表4.4)。从图4.4中6个生产性服务业行业的 Moran's I 值随距离变化的曲线走势来看,长江中游城市群生产性服务业发展产生的虹吸效应在250千米范围内最明显,超出此范围后虹吸效应迅速大幅度减弱。

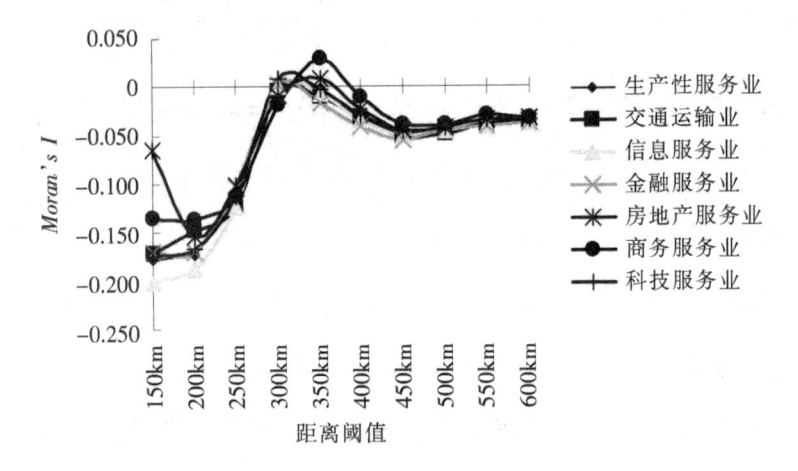

图4.4 长江中游城市群生产性服务业的空间效应随空间距离的变化情况

---

① 关于初始距离阈值,本书尝试将初始距离阈值设定为50千米、100千米和150千米。通过计算发现,当距离阈值为50千米时,大部分城市的"邻居"数都为0;当距离阈值为100千米时,有6个城市没有"邻居";当距离阈值为150千米时,所有城市都有"邻居"。因此本书将初始距离阈值设定为150千米。关于距离阈值上限的确定,通过计算发现,长江中游城市群中城市中心点之间的最大距离为690千米,距离超过600千米的城市对只有3对,因此,本书将距离阈值的上限确定为600千米。

(3)空间效应影响范围的具体化。利用各城市中心的经纬度,可以计算得到长江中游城市群城市间的距离矩阵(见表4.5),分析比较表中数据可以发现,受南昌生产性服务业发展产生的空间效应(虹吸效应)影响的城市有13个(见表4.6),受武汉影响的城市有10个,受长沙影响的城市有13个。同时,利用ArcMap软件,可以对3个区域中心城市生产性服务业发展的空间效应影响范围进行空间表达,从而发现:南昌生产性服务业发展的影响范围为黄冈、鄂州、黄石、咸宁、九江、景德镇、宜春、新余、萍乡、上饶、鹰潭、抚州和吉安;武汉生产性服务业发展的影响范围为襄阳、荆门、孝感、荆州、黄冈、鄂州、咸宁、岳阳、黄石、九江;长沙生产性服务业发展的影响范围为荆州、常德、咸宁、岳阳、益阳、娄底、湘潭、衡阳、株洲、萍乡、吉安、新余和宜春。仔细分析3个区域中心城市的影响范围,还可以发现:一般处于三省(湖北、湖南、江西)交界区域的城市,受到的影响往往会发生重叠,尤其是咸宁,受到包括3个区域中心城市所施加的影响,因此咸宁市生产性服务业发展所遇到的阻力就比较大。从表3.8可以看出,咸宁市2003—2014年的生产性服务业集聚水平一直处于低位状态,这与该市所受到的来自3个区域中心城市的空间效应(虹吸效应)影响不无关系。

从4.1节和4.2节的分析可以看出,长江中游城市群生产性服务业的发展存在明显的虹吸效应。这一方面与该区域的城市结构有关系("核心-外围"结构),另一方面可能更重要,就是与长江中游城市群生产性服务业的发展阶段有关系,尤其是与3个区域中心城市(武汉、南昌和长沙)的生产性服务业的发展阶段有关系。也就是说,这3个区域中心城市的生产性服务业仍处于较低水平的发展阶段,或者说仍处于规模快速扩张的发展阶段,这个阶段往往需要很多经济发展要素的支撑。因此,需要不断地从周边地区吸取发展资源,从而表现出明显的虹吸效应。如果3个区域中心城市的生产性服务业处于较高等级的发展阶段,则其对周边地区的空间效应可能更多地会以扩散效应为主,而不是以虹吸效应为主。

4.3 小结

本章从规模(从业人数)和结构(城市相对专业化指数和行业相对专业化指数)两个方面计算了长江中游城市群生产性服务业6个行业2003—2014年的空间自相关指数即 Moran's I,同时分析了不同距离阈值下 Moran's I 值的变化特征,得出以下结论:

(1)从规模来看,长江中游城市群生产性服务业6个行业2003—2014年的 Moran's I 值都为负,该区域生产性服务业发展所形成的"核心-外围"格局导致的空间效应主要表现为虹吸效应。

(2)从结构来看,长江中游城市群大部分生产性服务业行业结构指标的 Moran's I 值有时为正、有时为负,该区域生产性服务业发展所形成的"核心-外围"格局导致的空间效应有时表现为扩散效应,有时表现为虹吸效应。

(3)长江中游城市群生产性服务业规模发展产生的虹吸效应会对生产性服务业的行业相对专业化指数(结构)产生影响,导致城市专注发展的生产性服务业行业无法持续,不得不发生变化。

(4)长江中游城市群生产性服务业发展产生的虹吸效应在250千米范围内最明显,超出此范围后虹吸效应迅速大幅度减弱。

(5)南昌生产性服务业发展的影响范围为黄冈、鄂州、黄石、咸宁、九江、景德镇、宜春、新余、萍乡、上饶、鹰潭、抚州和吉安；武汉生产性服务业发展的影响范围为襄阳、荆门、孝感、荆州、黄冈、鄂州、咸宁、岳阳、黄石、九江；长沙生产性服务业发展的影响范围为荆州、常德、咸宁、岳阳、益阳、娄底、湘潭、衡阳、株洲、萍乡、吉安、新余和宜春。

表 4.4　长江中游城市群生产性服务业的空间效应随空间距离的变化情况

行业		150km	200km	250km	300km	350km	400km	450km	500km	550km	600km
生产性服务业	I	-0.179	-0.174	-0.118	0.004	-0.001	-0.030	-0.052	-0.046	-0.038	-0.035
	p	0.126	0.043	0.108	0.302	0.207	0.759	0.381	0.457	0.921	0.763
交通运输业	I	-0.172	-0.148	-0.125	-0.004	-0.011	-0.031	-0.052	-0.048	-0.040	-0.036
	p	0.097	0.063	0.094	0.305	0.323	0.784	0.351	0.301	0.719	0.896
信息服务业	I	-0.203	-0.187	-0.125	0.000	-0.007	-0.035	-0.051	-0.046	-0.041	-0.039
	p	0.087	0.033	0.094	0.365	0.314	0.932	0.391	0.463	0.666	0.791
金融服务业	I	-0.171	-0.171	-0.104	0.003	-0.016	-0.040	-0.055	-0.044	-0.041	-0.038
	p	0.191	0.071	0.223	0.348	0.503	0.889	0.293	0.585	0.683	0.922
房地产服务业	I	-0.065	-0.155	-0.102	-0.009	0.008	-0.024	-0.046	-0.042	-0.035	-0.032
	p	0.787	0.115	0.239	0.509	0.146	0.586	0.593	0.686	0.798	0.456
商务服务业	I	-0.136	-0.137	-0.113	-0.018	0.029	-0.011	-0.039	-0.039	-0.031	-0.033
	p	0.366	0.208	0.190	0.677	0.039	0.285	0.901	0.897	0.485	0.486
科技服务业	I	-0.176	-0.168	-0.113	0.009	-0.003	-0.029	-0.046	-0.043	-0.035	-0.034
	p	0.138	0.055	0.135	0.244	0.246	0.722	0.588	0.644	0.837	0.577

注：为了消除时间影响和便于计算，此表中生产性服务业各行业发展规模的取值采用 2003—2014 年各行业从业人数的算术平均值。

表 4.5 长江中游城市群城市间的距离矩阵

单位：千米

城市	1	2	3	4	5	6	7	8	9	10	11	12	13	14	15	16	17	18	19	20	21	22	23	24	25	26	27	28
南昌 1	0	255	287	146	233	115	135	121	195	177	87	204	186	497	517	213	441	407	397	219	205	283	305	379	283	411	347	400
武汉 2	255	0	286	311	328	183	307	365	383	301	342	421	83	289	250	56	210	160	200	54	72	319	324	436	174	301	287	387
长沙 3	287	286	0	429	108	333	194	394	229	142	328	487	300	322	437	302	322	421	246	307	222	45	39	152	129	158	79	116
景德镇 4	146	311	429	0	380	129	279	120	327	323	168	118	229	590	570	256	520	430	493	259	291	429	449	525	400	537	482	543
萍乡 5	233	328	108	380	0	313	108	319	123	57	249	415	313	424	523	324	413	480	340	331	256	73	97	146	210	266	186	186
九江 6	115	183	333	129	313	0	235	194	304	262	193	238	101	462	446	129	390	315	365	133	164	344	361	454	281	421	374	449
新余 7	135	307	194	279	108	235	0	211	77	53	141	308	266	476	542	286	444	467	381	292	237	173	198	250	249	344	268	291
鹰潭 8	121	365	394	120	319	194	211	0	236	263	71	97	288	618	630	317	560	507	518	322	323	381	405	459	403	528	460	500
吉安 9	195	383	229	327	123	304	77	236	0	96	167	331	342	534	613	362	510	543	444	369	313	195	219	235	310	386	307	304
宜春 10	177	301	142	323	57	262	53	263	96	0	194	359	274	438	519	289	415	459	348	296	229	120	145	202	214	297	219	238
抚州 11	87	342	328	168	249	193	141	71	167	194	0	168	273	573	603	300	523	494	474	306	289	313	337	388	351	469	398	431
上饶 12	204	421	487	118	415	238	308	97	331	359	168	0	339	690	684	367	625	547	591	371	390	477	500	556	485	615	551	595
黄石 13	186	83	300	229	313	101	266	288	342	274	273	339	0	367	345	29	292	222	274	34	86	323	334	440	214	352	321	411
宜昌 14	497	289	322	590	424	462	476	618	534	438	573	690	367	0	175	343	92	282	99	343	300	366	351	442	227	187	254	338
襄阳 15	517	250	437	570	523	446	542	630	613	519	603	684	345	175	0	316	118	162	196	312	316	481	473	578	313	340	387	486

续表

城市	1	2	3	4	5	6	7	8	9	10	11	12	13	14	15	16	17	18	19	20	21	22	23	24	25	26	27	28
鄂州 16	213	56	302	256	324	129	286	317	362	289	300	367	29	343	316	0	266	194	252	7	80	328	338	446	205	341	315	410
荆门 17	441	210	322	520	413	390	444	560	510	415	523	625	292	92	118	266	0	191	78	264	237	367	357	461	203	224	269	368
孝感 18	407	160	421	430	480	315	467	507	543	459	494	547	222	282	162	194	191	0	238	188	230	460	460	573	294	383	399	504
荆州 19	397	200	246	493	340	365	381	518	444	348	474	591	274	99	196	252	78	238	0	252	202	291	280	383	134	151	191	291
黄冈 20	219	54	307	259	331	133	292	322	369	296	306	371	34	343	312	7	264	188	252	0	85	334	343	452	209	343	320	415
咸宁 21	205	72	222	291	256	164	237	323	313	229	289	390	86	300	316	80	237	230	202	85	0	252	259	369	128	267	236	330
株洲 22	283	319	45	429	73	344	173	381	195	120	313	477	323	366	481	328	367	460	291	334	252	0	25	118	171	197	118	119
湘潭 23	305	324	39	449	97	361	198	405	219	145	337	500	334	351	473	338	357	460	280	343	259	25	0	113	168	177	99	95
衡阳 24	379	436	152	525	146	454	250	459	235	202	388	556	440	442	578	446	461	573	383	452	369	118	113	0	280	256	192	111
岳阳 25	283	174	129	400	210	281	249	403	310	214	351	485	214	227	313	205	203	294	134	209	128	171	168	280	0	140	113	215
常德 26	411	301	158	537	266	421	344	528	386	297	469	615	352	187	340	341	224	383	151	343	267	197	177	256	140	0	80	151
益阳 27	347	287	79	482	186	374	268	460	307	219	398	551	321	254	387	315	269	399	191	320	236	118	99	192	113	80	0	105
娄底 28	400	387	116	543	186	449	291	500	304	238	431	595	411	338	486	410	368	504	291	415	330	119	95	111	215	151	105	0

注：一般来说，区域中心城市的虹吸效应要明显强于非中心城市，为了突出区域中心城市的虹吸效应，本书用深灰色表示受区域中心城市影响的城市，浅灰色表示受非区域中心城市影响的城市。

表 4.6 长江中游城市群各城市半径 250 千米内城市数量

单位:个

南昌	13	襄阳	5
武汉	10	鄂州	8
长沙	13	荆门	8
景德镇	6	孝感	8
萍乡	12	荆州	10
九江	11	黄冈	8
新余	13	咸宁	14
鹰潭	7	株洲	11
吉安	10	湘潭	11
宜春	13	衡阳	9
抚州	9	岳阳	17
上饶	5	常德	9
黄石	9	益阳	11
宜昌	5	娄底	9

第5章　生产性服务业影响的空间面板分析

从第4章的分析可以发现,长江中游城市群生产性服务业的发展存在空间相关性(空间依赖),传统的计量经济学方法即最小二乘法(OLS)所要求的数据空间独立且均匀随机分布的假设很难成立。因此,在生产性服务业影响的计量分析中,采用传统计量经济学方法估计的结果是不准确的。为了纠正传统计量经济学方法估计结果的偏误,获得科学准确的计量结果,就有必要将空间相关性纳入计量模型,从而构建空间计量经济学模型进行生产性服务业影响分析。

目前,有关生产性服务业影响的分析研究,主要集中在生产性服务业的影响因素和生产性服务业对经济或制造业的影响两个方面,而较少进行生产性服务业对环境影响方面的研究。事实上,生产性服务业由于自身特殊的生态绿色属性(生态型产业),其发展应该具有良好的生态环境效应,因此,有必要对生产性服务业的生态环境效应进行定量研究。为了较全面地分析研究生产性服务业,本书有关生产性服务业的影响分析主要包括3个方面:一是生产性服务业影响因素的定量分析,识别出影响生产性服务业发展的关键因素及影响大小;二是生产性服务业对制造业的影响分析,确定生产性服务业发展对制造业是否有影响及影响大小;三是生产性服务业对环境的影响分析,确定生产性服务业发展对环境是否有影响及影响大小和方向。

根据第4章的分析,长江中游城市群生产性服务业在250千米范围内产生的空间效应(虹吸效应)最大,说明如果将空间权重矩阵的阈值设定为250千米,则此空间权重矩阵所刻画的空间安排形式或空间单元间的空间关系应该最符合长江中游城市群生产性服务业的空间分布实际。因此,本书有关生产性服务业影响的空间计量模型采用的空间权重矩阵距离阈值均为250千米,具体矩阵数据见表5.1。

同时,由于本书选择的研究区域是特定的区域(长江中游城市群),选择的数据也是指定时间段(2003—2014年)的多年时间序列数据,因此空间面板数据模型考虑的空间个体和时间效应一般应为空间固定和时间固定效应(双固定效应)。鉴于具有空间固定和时间固定效应(双固定)的空间杜宾模型较一般的空间滞后模型和空间误差模型在模型变量设置上更全面优化,本章采用控制了时间和空间个体效应的空间杜宾模型进行长江中游城市群生产性服务业影响的空间计量分析。

表 5.1 距离阈值为 250 千米的空间权重矩阵

城市代码	1	2	3	4	5	6	7	8	9	10	11	12	13	14	15	16	17	18	19	20	21	22	23	24	25	26	27	28
南昌 1	0	0	0	1	1	1	1	1	1	1	1	1	1	0	0	0	0	0	0	1	1	0	0	0	0	0	0	0
武汉 2	0	0	0	0	0	1	0	0	0	1	0	0	1	0	0	1	1	1	1	1	1	0	0	0	1	0	0	0
长沙 3	0	0	0	0	1	0	1	0	1	0	0	0	1	0	0	0	0	1	0	0	1	0	1	0	0	1	1	1
景德镇 4	1	0	0	0	0	1	0	1	0	0	1	1	1	0	0	0	0	0	0	0	1	0	0	0	0	0	0	0
萍乡 5	1	0	1	0	0	0	1	0	1	1	1	0	0	0	0	0	0	0	0	0	0	0	1	0	1	0	1	1
九江 6	1	1	0	1	0	0	0	1	0	0	1	1	1	0	0	0	0	0	0	1	1	0	1	1	0	0	0	0
新余 7	1	0	1	0	1	0	0	0	1	1	0	1	0	0	0	0	0	0	0	0	0	1	1	1	1	0	0	0
鹰潭 8	1	0	0	1	0	1	0	0	1	0	1	1	0	0	0	0	0	0	0	0	1	0	1	1	0	0	0	0
吉安 9	1	0	1	0	1	0	1	1	0	1	1	0	0	0	0	0	0	0	0	0	0	0	1	1	1	0	1	1
宜春 10	1	1	0	0	1	0	1	0	1	0	0	0	0	0	0	0	0	0	0	0	1	0	0	1	0	1	1	0
抚州 11	1	0	0	1	1	1	0	1	1	0	0	1	0	0	0	0	0	0	0	0	1	0	0	0	0	1	0	1
上饶 12	1	0	0	1	0	1	1	1	0	0	1	0	0	0	0	0	0	0	0	0	0	0	0	0	0	0	0	0
黄石 13	1	1	1	1	0	1	0	0	0	0	0	0	0	0	0	1	1	1	0	0	1	0	0	0	0	1	0	0
宜昌 14	0	0	0	0	0	0	0	0	0	0	0	0	0	0	1	0	0	0	1	0	0	0	0	0	1	1	0	0
襄阳 15	0	0	0	0	0	0	0	0	0	0	0	0	0	1	0	0	0	1	1	0	0	0	0	0	0	0	0	0

第 5 章 生产性服务业影响的空间面板分析

续表

城市代码	1	2	3	4	5	6	7	8	9	10	11	12	13	14	15	16	17	18	19	20	21	22	23	24	25	26	27	28
鄂州 16	1	1	0	0	0	1	0	0	0	0	0	0	1	0	0	0	0	1	0	1	1	0	0	0	1	0	0	0
荆门 17	0	1	0	0	0	0	0	0	0	0	0	0	0	1	1	0	0	1	1	0	1	0	0	0	1	1	0	0
孝感 18	0	1	0	0	0	0	0	0	0	0	0	0	0	0	1	0	1	0	1	1	1	0	0	0	0	1	0	0
荆州 19	0	1	1	0	0	0	0	0	0	0	0	0	1	1	1	1	0	1	0	0	1	0	0	0	0	0	1	0
黄冈 20	1	1	0	0	0	1	0	0	0	0	0	0	0	0	1	0	1	0	1	0	0	0	0	1	1	1	0	1
咸宁 21	1	1	1	0	0	0	1	0	0	0	0	0	0	0	0	0	0	0	0	1	0	0	1	1	1	0	1	1
株洲 22	0	0	1	0	1	0	1	1	1	1	0	0	0	0	0	0	0	0	0	0	0	1	0	1	0	1	0	1
湘潭 23	0	0	1	0	1	0	1	0	1	1	0	0	0	0	0	0	0	0	0	0	0	1	1	0	1	1	0	1
衡阳 24	0	1	1	0	1	0	1	1	1	1	0	0	0	0	1	0	0	0	1	0	0	1	1	1	0	0	0	1
岳阳 25	0	0	0	0	1	0	1	0	0	0	0	0	0	0	0	0	0	0	0	1	0	1	1	0	0	1	0	1
常德 26	0	0	1	1	1	1	0	0	0	1	0	0	0	0	0	0	0	1	0	0	1	0	1	1	1	0	0	1
益阳 27	0	0	1	0	0	0	0	0	0	0	0	0	0	0	0	0	0	0	1	0	0	1	1	1	0	0	0	1
娄底 28	0	0	1	0	1	0	0	0	0	1	0	0	0	0	0	0	0	0	0	0	0	1	1	1	1	1	1	0

5.1 生产性服务业影响因素的空间计量分析

一般来说,生产性服务业的发展指标包括规模和结构两个方面,因此,本书对采用的空间面板模型设定规模指标(用生产性服务业从业人数表示)和结构指标(用城市相对专业化指数表示)作为被解释变量,同时结合有关研究文献和考虑数据可得性,选取若干指标作为解释变量,具体如下:

(1)人口规模。地区人口规模越大,意味着市场规模越大,越有利于制造业的发展,从而越有利于生产性服务业的发展。

(2)教育水平。地区教育水平越高,意味着高素质的劳动力资源越丰富,从而有利于较先进和较高层次的生产性服务业的发展。

(3)对外开放水平。地区对外开放水平越高,越有利于先进制造业的引进和发展,从而对生产性服务业的规模和结构产生一定的影响。

(4)政府控制力。当地政府对市场和产业发展的影响不容忽视。政府控制力主要体现在对市场的规范和对产业的规划引导方面,政府控制力越强,对产业发展的影响就越大。

(5)经济发展水平。地区经济发展水平越高,各类产业发展的基础就越好,生产性服务业的发展当然也更好更快。

(6)工资水平。地区工资水平越高,就越能吸引各类管理、专业技术和技能人才,从而越有利于各类产业的发展。

(7)信息化水平。地区信息化水平越高,产业发展所需信息的获取就越便利,沟通协调交易等成本也越低。信息可以说是产业发展的润滑剂,信息化水平越高,生产性服务业的发展就越顺畅。

(8)制造业发展水平。地区制造业发展水平越高,为其提供服务的生产性服务业的发展水平也越高,二者是互相促进、共同发展的共生关系。

生产性服务业影响因素空间计量分析具体计量模型设定如下:

$$\ln Ps = \alpha + \beta_1 \ln popu + \beta_2 \ln uni\_t + \beta_3 \ln fori + \beta_4 \ln gove + \beta_5 \ln gdp + \beta_6 \ln wage + \beta_7 \ln info + \beta_8 \ln indu + \gamma W \ln Ps + \theta WZ + \delta + \tau + \mu \quad (5.1)$$

$$\ln Sd = \alpha + \beta_1 \ln popu + \beta_2 \ln uni\_t + \beta_3 \ln fori + \beta_4 \ln gove + \beta_5 \ln gdp + \beta_6 \ln wage + \beta_7 \ln info + \beta_8 \ln indu + \gamma W \ln Sd + \theta WZ + \delta + \tau + \mu \quad (5.2)$$

其中,Ps、Sd 分别代表生产性服务业的规模和结构指标;$popu$ 代表人口规模;uni_t 为高校教师数量,代表当地教育水平;$fori$ 为外资利用额,代表对外开放水平;$gove$ 为政府财政预算内支出,代表政府控制力;gdp 为人均地区生产总值,代表经济发展水平;$wage$ 为职工年均工资,代表工资水平;$info$ 为互联网用户数,代表信息化水平;$indu$ 为制造业从业人数,代表制造业发展水平;W 为空间权重矩阵,WZ 代表所有解释变量的空间滞后变量;δ、τ、μ 分别代表空间个体效应、时间效应和随机误差项。

从表 5.2 和表 5.3 可以看到,空间杜宾模型计算的 $Wald\_spatial\_lag$、$LR\_spatial\_lag$、$Wald\_spatial\_error$ 和 $LR\_spatial\_error$ 的数值都较大,且都通过了 1% 的显著性水平检验,说明选择具有时间和空间固定效应的空间杜宾模型进行生产性服务业规模和结构两方面影响因素的空间计量分析是合适有效的。

5.1.1 生产性服务业规模影响因素分析

仔细分析规模方面影响因素的空间计量结果(见表 5.2),可以发现:

（1）制造业发展水平、工资水平和信息化水平3个因素通过了5%的显著性水平检验,而其他5个因素(教育水平、人口规模、政府控制力、对外开放水平、经济发展水平)均未通过显著性水平检验。因此,可以说明制造业发展水平、工资水平和信息化水平3个因素是影响生产性服务业规模发展的主要因素。

（2）制造业发展水平的弹性系数为0.0324,说明制造业发展水平对生产性服务业规模发展具有正向的积极影响,而工资水平和信息化水平的弹性系数分别为-0.0398和-0.0292,说明这两个因素对生产性服务业规模发展具有负向的消极影响。理论上来说,地区制造业发展水平越高,则为制造业发展服务的生产性服务业规模自然就越大,因此,制造业发展水平的弹性系数为正符合理论预期。一般来说,地区工资水平越高,该地区就越能吸引人才,则该地区生产性服务业的从业人数就越多(规模就越大),但此处模型计算的弹性系数为负,不符合理论预期。产生这种现象的原因可能是如果该地工资水平较高,则意味着该地的劳动力成本较高,从而使得该地企业负担较重,长此以往,企业就有可能外迁到工资水平较低的地方发展,导致工资水平较高地区的就业人数减少,生产性服务业的发展规模相应也会缩小。通常认为,地区信息化水平越高,越有利于信息服务业的发展,从而越有利于生产性服务业规模发展,但此处模型计算的信息化水平的弹性系数为负,似乎不符合理论预期。出现这种结果,原因可能是长江中游城市群信息化发展水平和生产性服务业发展水平在数据结构上存在不匹配情况。相对于长江中游城市群城市间生产性服务业的发展水平差异而言,各城市的信息化水平差距并不会很大,发展相对均衡。信息网络服务大多来源于国内三大通信运营商(电信、移动和联通),

具有相对统一的技术规范和标准,其质量和水平在各城市间差异不大,而生产性服务业的发展却不均衡("核心-外围"格局),差距相对较大,导致长江中游城市群的 3 个区域中心城市(南昌、武汉、长沙)是"高信息化发展水平-高生产性服务业发展水平",而其他 25 个非中心城市则是"高信息化发展水平-低生产性服务业发展水平",由此便可能产生信息化发展水平与生产性服务业发展水平负相关的回归估计结果。事实上,由于电子商务的迅速发展,地区信息化水平越高,通过电子商务平台进行交易就越便利,且交易双方不一定局限于本地,会使市场范围更加广阔。长江中游城市群的 3 个区域中心城市(南昌、武汉、长沙)产品制造商云集,相对于其他非中心城市而言,具有更大更强的商品服务提供能力。因此,其他非中心城市信息化水平的提高很大一部分是为 3 个区域中心城市的产品制造业发展做贡献。因为制造业和生产性服务业是相互促进的共生关系,从而相当于间接地促进了 3 个区域中心城市生产性服务业的发展。从这个逻辑来看,信息化水平的提高并不总是有利于当地生产性服务业的发展,在某种特定的发展空间格局(如"核心-外围"格局)下,尤其是对于非中心城市而言,反而会导致本地生产性服务业的萎缩。

(3)人口规模、制造业发展水平和信息化水平的空间滞后项通过了 5%的显著性水平检验,说明某地周边地区的人口规模、制造业发展水平和信息化水平的变化对该地生产性服务业规模发展具有显著影响,其中周边地区人口规模的扩大、制造业发展水平的提高对该地生产性服务业规模发展具有负向的消极影响,而周边地区信息化水平的提高对该地生产性服务业规模发展具有正向的积极影响。理论上来说,某地周边地区的人口和制造业规模较大,往往意味着周边地区的城市规模较大,由于虹吸效应,该地的经济发展要素被周边地区吸引流出,从而导致该地发展受到阻碍,生产性服务业规模发展自然也就受到不利影响;而信息化水平作用则不然,如前(2)分析,可能存在"墙内开花墙外香"的利他现象,即正向的空间溢出效应。

(4)生产性服务业规模指标的空间滞后项($W \times Ps$)显著为负,说明生产性服务业的规模发展存在显著的负向空间溢出效应,即某城市生产性服务业的发展会对周边城市生产性服务业的发展产生消极影响,这与第4章分析得出的"长江中游城市群生产性服务业的发展存在明显的虹吸效应"结论是一致的。

(5)由于空间杜宾模型的设定特点,解释变量的弹性系数往往不能直接反映其直接边际影响。因此,需要采用偏微分方程[公式(2.10)]计算各个解释变量的直接效应和间接效应(见表5.2)。制造业发展水平、工资水平和信息化水平的直接效应通过了5%的显著性水平检验,分别为0.0350、−0.0418和−0.0319,说明如果制造业发展水平提高1%,会导致本地生产性服务业发展规模扩大0.035%,而工资水平和信息化水平分别提高1%,会导致本地生产性服务业发展规模分别减小0.0418%和0.0319%。人口规模、制造业发展水平和信息化水平的间接效应显著(通过了5%的显著性水平检验),其中人口规模和制造业发展水平的间接效应为负,说明这两个因素有负向的空间溢出效应,即某城市人口规模、制造业发展水平变化会对周边城市生产性服务业的发展规模,或者说周边城市这两个因素的变化会对本地生产性服务业的发展规模产生负向的消极影响。这两个因素的间接效应分别为−0.5486、−0.0394,说明如果周边城市或本地人口规模和制造业发展水平提高1%,会导致本地或周边城市生产性服务业发展规模减小 0.5486% 和 0.0394%。而信息化水平的间接效应为正,说明存在正向的空间溢出效应,即某城市信息化水平变化会对周边城市生产性服务业的发展规模,或者说周边城市信息化水平变化会对本地生产性服务业的发展规模产生正向的积极影响。信息化水平的间接效应为 0.0377,说明如果周边城市或本地信息化水平提高 1%,会导致本地或周边城市生产性服务业发展规模扩大 0.0377%。

(6) 制造业发展水平、工资水平和信息化水平的直接效应和弹性系数在数值上存在差异,原因就是存在反馈效应①。制造业发展水平、工资水平和信息化水平的反馈效应分别为 0.0026、-0.0020 和 -0.0027,这 3 个反馈效应分别源于制造业发展水平、工资水平和信息化水平的空间滞后变量和生产性服务业规模的空间滞后变量的空间交互作用而产生的综合效应。

---

① 反馈效应是指某城市生产性服务业的发展会对周边城市生产性服务业的发展产生影响,而这个影响又会反过来影响该城市生产性服务业的发展。反馈效应=直接效应-弹性系数。

表 5.2 长江中游城市群生产性服务业影响因素 SDM 估计与检验结果（规模）

变量	弹性系数	t 值	p 值	直接效应	t 值	间接效应	t 值	总效应	t 值
lnpopu	-0.2183	-1.7342	0.0829	-0.1751	-1.3103	-0.5486	-2.5367	-0.7237	-4.8460
lnuni_t	-0.0117	-1.4420	0.1493	-0.0128	-1.5734	0.0159	0.7632	0.0031	0.1426
lnindu	0.0324	5.7508	0.0000	0.0350	5.8917	-0.0394	-3.2179	-0.0044	-0.4110
lnfori	-0.0024	-0.4501	0.6526	-0.0034	-0.6248	0.0100	0.6978	0.0066	0.4320
lngove	-0.0005	-0.0716	0.9429	-0.0003	-0.0379	-0.0018	-0.0916	-0.0021	-0.1071
lngdp	0.0277	1.3699	0.1707	0.0270	1.2680	0.0214	0.5484	0.0484	1.3573
lnwage	-0.0398	-2.0129	0.0441	-0.0418	-2.0522	0.0296	0.6208	-0.0122	-0.2701
lninfo	-0.0292	-5.5165	0.0000	-0.0319	-5.6734	0.0377	3.0797	0.0058	0.4822
W×lnpopu	-0.9237	-3.3853	0.0007						
W×lnuni_t	0.0168	0.5501	0.5823						
W×lnindu	-0.0394	-2.2918	0.0219						
W×lnfori	0.0145	0.6936	0.4880						
W×lngove	-0.0024	-0.0840	0.9331						
W×lngdp	0.0466	0.8537	0.3932						
W×lnwage	0.0247	0.3762	0.7068						
W×lninfo	0.0381	2.2497	0.0245						
W×Ps	-0.5648	-4.1358	0.0000						

$R^2 = 0.9565$
$Wald\_spatial\_lag = 34.0119 \ (p = 0.00004)$
$LR\_spatial\_lag = 37.9656 \ (p = 0.000007)$
$Wald\_spatial\_error = 34.6543 \ (p = 0.00003)$
$LR\_spatial\_error = 38.7837 \ (p = 0.000005)$

表 5.3 长江中游城市群生产性服务业影响因素 SDM 估计与检验结果(结构)

变量	弹性系数	t 值	p 值	直接效应	t 值	间接效应	t 值	总效应	t 值
lnpopu	-4.521455	-3.342819	0.000829	-4.4559	-3.3392	-2.6022	-0.9175	-7.0581	-2.9615
lnuni_t	-0.005792	-0.066081	0.947313	-0.0055	-0.0633	0.0092	0.0288	0.0037	0.0106
lnindu	0.175218	2.893209	0.003813	0.1749	2.8860	-0.2474	-1.4178	-0.0725	-0.4220
lnfori	0.018386	0.319415	0.749412	0.0099	0.1682	0.7704	3.3779	0.7803	3.1273
lngove	0.160923	2.026521	0.042711	0.1634	2.1051	-0.1775	-0.5918	-0.0141	-0.0446
lngdp	-0.377991	-1.730181	0.083598	-0.3621	-1.6515	-1.2003	-2.1076	-1.5623	-2.6918
lnwage	0.518269	2.425331	0.015294	0.5268	2.5124	-0.9806	-1.3917	-0.4538	-0.6277
lninfo	-0.078116	-1.378047	0.168189	-0.0797	-1.3585	0.1116	0.6244	0.0319	0.1691
W×lnpopu	-3.068061	-1.051952	0.292821						
W×lnuni_t	0.015915	0.048669	0.961183						
W×lnindu	-0.253071	-1.374572	0.169264	$R^2 = 0.5973$					
W×lnfori	0.824709	3.644148	0.000268	$Wald\_spatial\_lag = 24.6906\ (p = 0.0018)$					
W×lngove	-0.171224	-0.559540	0.575793	$LR\_spatial\_lag = 27.8105\ (p = 0.00051)$					
W×lngdp	-1.285663	-2.181145	0.029173	$Wald\_spatial\_error = 24.5195\ (p = 0.0019)$					
W×lnwage	-0.951913	-1.348655	0.177448	$LR\_spatial\_error = 28.3111\ (p = 0.00041)$					
W×lninfo	0.112912	0.627259	0.530489						
W×Sd	-0.061648	-0.523204	0.600832						

5.1.2 生产性服务业结构(分工专业化)影响因素分析

进一步分析生产性服务业结构(分工专业化)方面影响因素的空间计量结果(见表5.3),可以发现:

(1)在影响因素方面,与生产性服务业规模的计量结果还是有所差异的。具体表现为人口规模、制造业发展水平、政府控制力和工资水平4个因素通过了5%的显著性水平检验,而其他4个因素(教育水平、对外开放水平、经济发展水平和信息化水平)均未通过显著性水平检验。因此,可以说明人口规模、制造业发展水平、政府控制力和工资水平4个因素是影响生产性服务业结构(分工专业化)发展的主要因素。

(2)人口规模影响的弹性系数为-4.5215,说明城市人口规模对生产性服务业结构(分工专业化)发展具有负向的消极影响;而制造业发展水平、政府控制力和工资水平的弹性系数分别为0.1752、0.1609和0.5183,说明这3个因素对生产性服务业结构(分工专业化)发展具有正向的积极影响,其中工资水平对生产性服务业结构(分工专业化)发展影响最大。从长江中游城市群生产性服务业结构(分工专业化)发展实际来看,南昌、武汉和长沙3个区域中心城市的人口规模较大,但生产性服务业的专业化分工特征不明显,而是呈现出多样化特征,一些人口规模较小城市的相对专业化指数反而较高(湘潭)。考虑到长江中游城市群特殊的城市结构特点("核心-外围"格局),城市人口规模与生产性服务业结构(分工专业化)发展水平负相关也就不足为奇了。一般来说城市制造业的发展都是有重点的,从而该城市生产性服务业的发展也是有重点的,形成分工专业化发展,所以制造业发展水平的提高往往会促进生产性服务业结构(分工专业化)水平的提高。政府控制力方面,政府可以发挥引导产业发展的作用,将政府控制的资金投入需要发展的产业,从而达到影响产业分工的效果。工资水平高的地区,前文有关分析已经表明其生产性服务业的发展规模会受到影响,导致有些生产性服务业行业不堪劳动力成本过高而减小发展规模,但并不是所有生产性服务业对工资水平的提高都是敏感的,可能有些行业由于工资水平较高而吸引了较优秀的人才,获得了较好的发展,进而在城市相对专业化分工中呈现出专业化发展特征。

(3) 对外开放水平(利用外资水平)和经济发展水平(人均地区生产总值)的空间滞后项通过了5%的显著性水平检验,说明某地周边城市的对外开放水平和经济发展水平的变化对该地生产性服务业结构(分工专业化)发展具有显著影响,其中周边城市对外开放水平(利用外资水平)的提高对该地生产性服务业结构(分工专业化)发展具有正向的积极影响,而周边城市经济发展水平的提高对该地生产性服务业结构(分工专业化)发展具有负向的消极影响。

(4) 生产性服务业结构(分工专业化)指标的空间滞后项($W \times Sd$)的精确概率 p 值较大即不显著,其系数值为负,说明生产性服务业结构(分工专业化)发展存在负向的空间溢出效应,但不显著比较弱。事实上,5.1节中就指出生产性服务业结构(分工专业化)发展产生的空间效应有时为虹吸效应、有时为扩散效应,这本身就暗含了生产性服务业结构(分工专业化)发展可能会产生负向的空间溢出效应即表现为虹吸效应,但这种效应可能不是很稳定即不显著比较弱。

(5) 人口规模、制造业发展水平、政府控制力和工资水平的直接效应通过了5%的显著性水平检验,分别为-4.4559、0.1749、0.1634和0.5268,说明人口规模提高1%,会导致本地生产性服务业结构(分工专业化)发展水平降低4.4559%,而制造业发展水平、政府控制力和工资水平分别提高1%,会导致本地生产性服务业结构(分工专业化)发展水平分别提高0.1749%、0.1634%和0.5268%。对外开放水平（利用外资水平）和经济发展水平的间接效应显著，其中对外开放水平（利用外资水平）的间接效应为正，说明这个因素有正向的空间溢出效应，即某城市对外开放水平变化会对周边城市生产性服务业的结构（分工专业化）发展，或者说周边城市这个因素的变化会对本地生产性服务业的结构（分工专业化）发展产生正向的积极影响。对外开放水平（利用外资水平）的间接效应为0.7704，说明周边城市或本地对外开放水平提高1%，会导致本地或周边城市生产性服务业结构（分工专业化）发展水平提高0.7704%。而经济发展水平的间接效应为负，说明存在负向的空间溢出效应，即某城市经济发展水平变化会对周边城市生产性服务业的结构（分工专业化）发展，或者说周边城市经济发展水平的变化会对本地生产性服务业的结构（分工专业化）发展产生负向的消极影响。经济发展水平的间接效应为−1.2003，说明如果周边城市或本地经济发展水平提高1%，会导致本地或周边城市生产性服务业结构（分工专业化）发展水平降低1.2003%。

(6)由于反馈效应的存在，人口规模、制造业发展水平、政府控制力和工资水平4个因素的直接效应和弹性系数在数值上存在差异，其反馈效应分别为0.0656、−0.0003、0.0025和0.0085。

通过比较生产性服务业规模和结构两方面影响因素的计量结果，还可以发现：

(1)有些因素只对规模产生影响，如信息化水平；有些因素只对结构产生影响，如人口规模和政府控制力；有些因素既影响规模也影响结构，如制造业发展水平和工资水平。值得注意的是，工资水平对生产性服务业的规模发展有负向的消极影响，而对结构（分工专业化）发展却有正向的积极影响。

(2)地区经济发展水平对生产性服务业的规模和结构的直接影响都不显著,但其会通过空间传导机制(空间溢出)对生产性服务业的分工专业化水平产生负向的消极影响。

5.2 生产性服务业对制造业影响的空间计量分析

生产性服务业是为制造业发展服务的,因此定量分析生产性服务业发展对制造业的影响具有重要的现实意义。本书重点考察生产性服务业的规模和结构对制造业发展的影响,因此以制造业从业人数代表制造业发展水平并作为被解释变量,选取生产性服务业的规模指标和结构指标为主要解释变量,为了增强模型的解释力,还添加了一系列控制变量。模型设计如下:

$$\ln indu = \alpha + \beta_1 \ln Ps + \beta_2 \ln uni\_t + \beta_3 \ln fori + \beta_4 \ln gove + \beta_5 \ln gdp + \beta_6 \ln wage + \beta_7 \ln info + \beta_8 \ln Sd + \gamma W \ln indu + \theta WZ + \delta + \tau + \mu \quad (5.3)$$

其中,$indu$ 为制造业从业人数,代表制造业发展水平,Ps 代表生产性服务业的规模指标,Sd 为生产性服务业的结构指标,W 为空间权重矩阵,WZ 代表所有解释变量的空间滞后变量,δ、τ、μ 分别代表空间个体效应、时间效应和随机误差项,其他解释变量含义与公式(5.1)的变量相同。需要注意的是,考虑到人口规模与生产性服务业规模高度相关,此模型中将人口规模因素剔除。根据公式(5.3)进行空间计量分析,结果见表5.4。

从表5.4可以看出,模型计算的 $Wald\_spatial\_lag$、$LR\_spatial\_lag$、$Wald\_spatial\_error$ 和 $LR\_spatial\_error$ 数值都比较大,精确概率 p 值很小,说明选择双固定(时间和空间)效应的空间杜宾模型用于生产性服务业规模和结构(分工专业化)对制造业影响的空间计量分析是合适有效的。进一步分析表5.4的计量结果可以发现:

表 5.4 长江中游城市群生产性服务业对制造业影响的 SDM 估计与检验结果

变量	弹性系数	t 值	p 值	直接效应	t 值	间接效应	t 值	总效应	t 值
$\ln Ps$	3.1173	7.0460	0.0000	3.2198	6.8860	3.3314	1.5712	6.5512	2.7259
$\ln Sd$	0.0310	0.5977	0.5500	0.0207	0.4111	-0.4462	-1.9707	-0.4254	-1.7503
$\ln uni\_t$	0.0148	0.2692	0.7878	0.0080	0.1376	-0.2386	-0.8532	-0.2306	-0.7503
$\ln fori$	0.0305	0.6600	0.5092	0.0210	0.4237	-0.3514	-1.4772	-0.3305	-1.2644
$\ln gove$	0.0283	0.4163	0.6772	0.0516	0.7353	0.8438	2.3023	0.8953	2.2608
$\ln gdp$	-0.0562	-0.4718	0.6371	-0.0597	-0.4823	-0.2527	-0.3858	-0.3124	-0.4381
$\ln wage$	0.1672	0.9345	0.3500	0.1276	0.6856	-1.6881	-2.3785	-1.5605	-2.0792
$\ln info$	0.0055	0.1118	0.9110	-0.0044	-0.0915	-0.3192	-1.6110	-0.3236	-1.5041
$W \times \ln Ps$	1.6584	1.0815	0.2795	$R^2 = 0.8453$					
$W \times \ln Sd$	-0.3406	-2.0892	0.0367	$Wald\_spatial\_lag = 23.4806$ ($p = 0.0028$)					
$W \times \ln uni\_t$	-0.1795	-0.8629	0.3882	$LR\_spatial\_lag = 20.4658$ ($p = 0.0087$)					
$W \times \ln fori$	-0.2696	-1.5702	0.1164	$Wald\_spatial\_error = 23.773$ ($p = 0.0025$)					
$W \times \ln gove$	0.6204	2.3869	0.0170	$LR\_spatial\_error = 26.889$ ($p = 0.0007$)					
$W \times \ln gdp$	-0.2075	-0.4458	0.6557						
$W \times \ln wage$	-1.3023	-2.4945	0.0126						
$W \times \ln info$	-0.2407	-1.6691	0.0951						
$W \times \ln indu$	0.2530	2.6262	0.0086						

(1)生产性服务业的规模扩张对制造业的发展具有显著的正向促进作用。生产性服务业规模指标的弹性系数为3.1173,且通过1%的显著性水平检验。同时,其直接效应非常显著且为正,为3.2198,说明如果本地生产性服务业的规模水平提高1%,则其制造业发展水平提高3.2198%,可见生产性服务业的规模扩张对提高制造业发展水平的促进作用非常明显。

(2)生产性服务业的结构(分工专业化)发展水平对制造业的发展影响不显著,但周边城市生产性服务业的结构(分工专业化)发展水平对本地城市制造业的发展具有显著的负向消极影响。生产性服务业结构(分工专业化)发展水平的弹性系数(0.0310)较小且其精确概率 p 值为0.5500,非常不显著,同时应该注意到其空间滞后项($W\times \ln Sd$)的弹性系数绝对值(0.3406)较大且其精确概率 p 值为0.0367,通过了5%的显著性水平检验。再考察其间接效应,发现其间接效应绝对值(0.4462)较大且比较显著(t 值较大,为-1.9707),说明周边城市生产性服务业的结构(分工专业化)发展会通过空间传导机制(空间溢出)对本地的制造业发展产生负向的空间影响。具体来说,就是周边城市生产性服务业结构(分工专业化)发展水平提高1%,会导致本地制造业发展水平降低0.4462%;或者说本地生产性服务业结构(分工专业化)发展水平提高1%,会导致周边城市制造业发展水平降低0.4462%。事实上,如果一个城市周边地区的生产性服务业分工都是高度专业化,则可能会使该城市生产性服务业发展所需要的各种人才都流向分工高度专业化的周边城市(因为高度专业化的城市可以为专业从业人员提供更好的发展平台和待遇),从而导致本地制造业发展所需要的生产性服务业配套不足,发展受限。

(3)其他控制变量(教育水平、对外开放水平、政府控制力、经济发展水平、工资水平和信息化水平)对制造业发展的影响不显著,但政府控制力和工资水平两个因素的空间滞后变量的弹性系数的精确概率 p 值较小,说明这两个因素会通过空间传导机制(空间溢出)对本地制造业的发展产生影响。其中政府控制力的空间滞后变量的弹性系数为正且显著,说明周边城市政府控制力对本地制造业的发展具有正向的积极影响,并且其间接效应为 0.8438,说明本地政府控制力提高 1%,会导致周边城市制造业发展水平提高 0.8438%,或者说周边城市政府控制力提高 1%,会导致本地制造业发展水平提高 0.8438%,这都说明了政府在制造业发展中的作用不容忽视;而工资水平的空间滞后变量的弹性系数为负且显著,说明周边城市工资水平对本地制造业的发展具有负向的消极影响,并且其间接效应为 -1.6881,说明本地工资水平提高 1%,会导致周边城市制造业发展水平降低 1.6881%,或者说周边城市工资水平提高 1%,会导致本地制造业发展水平降低 1.6881%。事实上,可以直观地看出,周边城市工资水平较高会造成本地产业工人流失,从而导致本地制造业发展水平降低,因此虽然本地的工资水平对制造业的发展没有直接影响,但是不应该忽视工资水平的空间溢出效应。

(4)制造业发展存在明显的正向的空间溢出效应,周边城市制造业的发展会对本地制造业的发展产生积极的正向影响。制造业发展水平的空间滞后变量的弹性系数为 0.2530,其精确概率 p 值为 0.0086,说明制造业发展水平的空间溢出效应非常显著,或者说长江中游城市群制造业发展的空间溢出效应主要表现为扩散效应,而不是虹吸效应。这与生产性服务业的发展不一样,可能说明在长江中游城市群制造业和生产性服务业处于的发展阶段不一致,或者说制造业与生产性服务业相比较,制造业处于较高的发展阶段,生产性服务业处于较低的发展阶段,从而二者在相同区域的发展表现出不同的空间效应。

综合 5.1 节和 5.2 节的分析,可以发现生产性服务业的规模发展可以促进制造业的发展,而制造业的发展反过来也会促进生产性服务业的发展,二者互为因果,相辅相成,互相促进。

长江中游城市群属于中部地区,与东部城市群的经济发展还存在较大差距,在相当长时间内,制造业仍然是该区域经济发展的主要力量。因此,有必要进一步分析生产性服务业的细分行业对制造业发展的影响,识别并确定哪些生产性服务业行业对制造业的发展贡献较大,从而为确定生产性服务业发展规划或政策中的重点行业提供一定的线索依据。理论上来说,生产性服务业的每个行业对制造业的影响都是不一样的。以生产性服务业细分行业的从业人数为自变量,制造业从业人数为因变量,构建如下计量模型:

$$\ln indu = \alpha + \beta_1 \ln p1 + \beta_2 \ln p2 + \beta_3 \ln p3 + \beta_4 \ln p4 + \beta_5 \ln p5 + \beta_6 \ln p6 + \gamma W \ln indu \\ + \theta WZ + \delta + \tau + \mu \tag{5.4}$$

式中,$\ln p1$—$\ln p6$ 分别为交通运输业、信息服务业、金融服务业、房地产服务业、商务服务业和科技服务业的从业人数。由于此模型重点考察生产性服务业细分行业的发展对制造业的影响,为了避免共线性和参数过量的问题,模型中不再添加其他控制变量。

根据公式(5.4)进行空间计量分析,结果见表 5.5。仔细对比分析表 5.5 中的数据,可以看出:

(1)交通运输业、房地产服务业、商务服务业的弹性系数和直接效

表 5.5 长江中游城市群生产性服务业细分行业对制造业影响的 SDM 估计与检验结果

变量	弹性系数	t 值	p 值	直接效应	t 值	间接效应	t 值	总效应	t 值
lnp1	0.1538	3.1833	0.0015	0.1442	2.7535	-0.3467	-1.2073	-0.2025	-0.6405
lnp2	-0.0498	-0.9719	0.3311	-0.0423	-0.7798	0.2790	1.0119	0.2366	0.7915
lnp3	0.1312	1.2109	0.2259	0.1512	1.3597	0.5902	1.1050	0.7415	1.2744
lnp4	0.1406	3.2876	0.0010	0.1476	3.3607	0.3776	2.1432	0.5253	2.8032
lnp5	0.1316	4.3972	0.0000	0.1337	4.2603	-0.0061	-0.0349	0.1275	0.6691
lnp6	-0.0948	-1.4819	0.1384	-0.0847	-1.2868	0.3918	1.4523	0.3070	1.0590
W×lnp1	-0.2869	-1.4852	0.1375						
W×lnp2	0.2189	1.1186	0.2633						
W×lnp3	0.3763	0.9828	0.3257						
W×lnp4	0.2282	1.8360	0.0664						
W×lnp5	-0.0446	-0.3680	0.7129						
W×lnp6	0.3085	1.5852	0.1129						
W×indu	0.2836	3.0028	0.0027						

$R^2 = 0.7949$
$Wald\_spatial\_lag = 15.3808 (p = 0.048)$
$LR\_spatial\_lag = 16.4138 (p = 0.041)$
$Wald\_spatial\_error = 17.3451 (p = 0.0401)$
$LR\_spatial\_error = 15.4698 (p = 0.0501)$

应都显著为正,说明这 3 个行业是促进制造业发展的主要因素。其中交通运输业的直接效应为 0.1442,说明交通运输业发展水平提高 1%,会使得本地制造业发展水平提高 0.1442%;房地产服务业的直接效应为 0.1476,说明房地产服务业发展水平提高 1%,会促进本地制造业发展水平提高 0.1476%;商务服务业的直接效应为 0.1337,说明商务服务业发展水平提高 1%,会促进本地制造业发展水平提高 0.1337%。同时需要注意,房地产服务业的间接效应也比较显著且为正,说明本地或周边城市房地产服务业的发展会促进周边城市或本地的制造业发展。

(2)信息服务业、金融服务业和科技服务业的弹性系数和直接、间接效应都不显著,说明这 3 个行业对制造业的发展影响较弱。这可能表明长江中游城市群的制造业大部分还是传统制造业,对信息、金融和科技的需求相对较小。

5.3 生产性服务业对环境影响的空间计量分析

长江是中国最重要的河流之一,与黄河并称为中国的"母亲河"。"母亲河"这一称谓,表明长江对中华民族的生存和发展具有不可替代的重要作用。保护长江这一江清水,是每一个中国人义不容辞的责任。长江沿岸人口密集,城镇众多,产业、商业等经济活动频繁,工业工厂林立,排污源甚多,水生态系统面临巨大挑战。保护长江流域生态环境形势严峻,不容乐观。正因如此,长江流域的地方政府在制订地区产业和经济发展规划时,一般都会将产业和经济发展对长江环境的影响作为一项重要的考虑内容。人类的地表活动(产业发展、人口增加、经济发展等)不可避免地会对环境产生压力和影响。生产性服务业处于产业发展的较高层次,具有消耗自然资源少、环境污染小、附加值高的特点,符合绿色经济、生态经济的发展标准。因此,理论上来说,大力发展生产性服务业有助于地区环境的改善。有鉴于此,本章采用空间杜宾模型,从实证角度对"发展生产性服务业有助于地区环境改善"这一理论假设进行定量分析和检验。考虑到长江水资源质量在长江流域生态环境保护中具有重要地位和标杆意义,而工业废水是现阶段长江水质的主要直接威胁源,因此,本书选取长江中游城市群各城市工业废水排放量作为长江中游城市群的环境压力指标(I),选取生产性服务业的规模指标(Ps)和结构指标(Sd)及人口规模($popu$)和人均地区生产总值(gdp)作为自变量(解释变量),进行环境影响分析的模型设定。其依据主要是STIRPAT模型①,具体模型设定如下:

$$\ln I = \alpha + \beta_1 \ln popu + \beta_2 \ln gdp + \beta_3 \ln Ps + \beta_4 \ln Sd + \gamma_1 W \ln I + \gamma_2 W \ln Ps + \gamma_3 W \ln Sd + \gamma_4 W \ln popu + \gamma_5 W \ln gdp + \delta + \tau + \mu \tag{5.5}$$

式中,α为常数项,W为空间权重矩阵,δ、τ、μ分别代表空间个体效应、时间效应和随机误差项。STIRPAT模型主要涉及的变量为人口数量、富裕程度和技术水平。事实上,除人口数量和富裕程度因素以外的、隐含的多种可能影响环境的因素在传统经济学中被归结为技术水平因素,并且有时候这种隐含的因素可能是非常显著的,对环境的影响也是不容忽视的。根据有关经济理论,技术水平指标可以分解为很多指标,如城镇化率、产业结构比例、生产效率、技术进步和创新等。

---

① 进行人文因素对环境影响的分析,一般采用STIRPAT模型。由于该模型是基于经典的人文环境影响分析框架即IPAT等式演变而来的,其计算结果具有较好的理论解释性,进行对数变换后,可以便捷地开展弹性分析。其表达式为:$I = aP^b A^c T^d e$,其中,I为环境影响指标,P、A和T分别为人口数量、富裕程度和技术水平,a为常数项,b、c、d为P、A和T的指数项,e为随机误差项。

在实际研究中,通常是需要重点考察什么因素对环境有影响,就将什么因素设为技术水平项的自变量。本书重点考察生产性服务业对环境的影响,因此将技术水平指标分解为生产性服务业规模指标($\ln Ps$)和结构指标($\ln Sd$)。根据公式(5.5)进行空间计量分析,结果见表5.6。

表5.6中,模型计算的 $Wald\_spatial\_lag$、$LR\_spatial\_lag$、$Wald\_spatial\_error$ 和 $LR\_spatial\_error$ 数值都比较大,精确概率 p 值很小,说明双固定(时间和空间)效应的空间杜宾模型用于生产性服务业规模和结构(分工专业化)对环境影响的空间计量分析是合适有效的。从表5.6的计量结果中可以发现:

(1)生产性服务业的规模发展对环境有显著的改善作用。生产性服务业规模指标的弹性系数为-0.9142,且通过5%的显著性水平检验。其直接效应非常显著且为负,为-0.8208,说明本地生产性服务业的规模水平提高1%,则其工业废水排放量将减少0.8208%,即环境得到改善;同时,发现其空间滞后变量的弹性系数显著为负,并且规模指标的间接效应也显著为负,为-2.5642,说明周边城市生产性服务业的规模发展对本地环境改善也有明显的作用,即周边城市或本地生产性服务业规模提高1%,会导致本地或周边城市环境压力减少2.5642%。总的来说,发展生产性服务业对改善环境而言,是一种利己(本地)利他(周边城市)的行为。理论上来说,生产性服务业属于绿色经济,其发展有助于环境的改善,同时,由于空间溢出效应,它对周边地区也会产生正向积极(改善环境)的外部效应。本书的计算结果符合理论预期,很好地验证了"发展生产性服务业有助于地区环境改善"这一理论假设。

表 5.6 长江中游城市群生产性服务业对环境影响的 SDM 估计与检验结果

变量	弹性系数	t 值	p 值	直接效应	t 值	间接效应	t 值	总效应	t 值
$\ln Ps$	-0.9142	-2.1239	0.0494	-0.8208	-2.7631	-2.5642	-2.1248	-3.3851	-2.7400
$\ln Sd$	0.0179	0.2476	0.8044	0.0249	0.3381	-0.1614	-0.8641	-0.1365	-0.7002
$\ln popu$	0.6450	7.6692	0.0000	0.6333	7.8669	0.3221	1.7824	0.9554	5.2026
$\ln gdp$	0.6324	5.4021	0.0000	0.6224	5.4861	0.2299	0.6203	0.8523	2.2425
$W \times \ln Ps$	-3.5658	-2.3334	0.0196						
$W \times \ln Sd$	-0.2083	-0.8949	0.3709						
$W \times \ln popu$	0.6268	2.4978	0.0125						
$W \times \ln gdp$	0.5073	1.0367	0.2999						
$W \times \ln I$	-0.3310	-2.5004	0.0124						

$R^2 = 0.5673$
$Wald\_spatial\_lag = 21.4806\ (p = 0.002)$
$LR\_spatial\_lag = 19.4708\ (p = 0.0096)$
$Wald\_spatial\_error = 18.683\ (p = 0.0105)$
$LR\_spatial\_error = 17.849\ (p = 0.0117)$

(2)生产性服务业的结构(分工专业化)发展水平对环境影响不显著。考察生产性服务业分工指标的弹性系数和其空间滞后变量的弹性系数,发现二者都不显著,同时,分工指标的直接效应和间接效应也不显著。事实上,生产性服务业主要是为制造业服务的,其对环境产生的影响很大一部分是通过制造业实现的,但由于生产性服务业结构(分工专业化)对制造业的影响不明确、不显著(见5.2节分析),因此,分工因素对环境的影响从机制上来看,也确实不好界定。

(3)人口规模和经济发展水平对环境会产生显著的压力。人口和经济因素的弹性系数为正且显著,二者精确概率p值几乎等于0;这两个因素的直接效应也非常显著,分别为0.6333和0.6224,说明本地人口规模和经济发展水平提高1%,会导致其环境压力(工业废水排放量)增加0.6333%和0.6224%。但是人口和经济因素的间接效应不明显,说明人口规模扩大和经济发展水平提高对环境的压力主要体现在当地。

(4)周边城市环境压力的增加有助于本地环境的改善。环境指标空间滞后变量的弹性系数为负(-0.3310)且显著,说明环境压力具有明显的负向空间溢出效应,或者说长江中游城市群中城市间的环境压力是可以发生转移的,通俗来说,就是"我可以把我的环境污染病传染给你,这样我的病就会轻了甚至好了"。

确定生产性服务业细分行业中哪些行业对缓解环境压力的贡献最大,对于制定有利于环境改善的产业发展政策具有重要的参考意义。将生产性服务业的6个细分行业从业人数作为解释变量,构建如下空间计量模型:

$$\ln I = \alpha + \beta_1 \ln p1 + \beta_2 \ln p2 + \beta_3 \ln p3 + \beta_4 \ln p4 + \beta_5 \ln p5 + \beta_6 \ln p6 + \beta_7 \ln popu + \beta_8 \ln gdp + \gamma W \ln I + \theta WZ + \delta + \tau + \mu \tag{5.6}$$

根据公式(5.6)进行空间计量面板分析,结果见表5.7。仔细分析表5.7可以发现：

(1)信息服务业、金融服务业和房地产服务业的弹性系数和直接效应都显著,且都为负,说明这3个因素是缓解环境压力的主要因素。其中信息服务业的直接效应为-0.1309,说明信息服务业发展水平提高1%,可以使得当地的环境压力减少0.1309%;金融服务业的直接效应为-0.2856,说明金融服务业发展水平提高1%,可以使得当地的环境压力减少0.2856%;房地产服务业的直接效应为-0.1947,说明房地产服务业发展水平提高1%,可以使得当地的环境压力减少0.1947%。

(2)交通运输业和金融服务业的间接效应显著为负,说明本地或周边城市交通运输业和金融服务业的发展可以缓解周边城市或本地的环境压力。其中交通运输业的间接效应为-1.0629,说明本地或周边城市交通运输业的发展水平提高1%,可以使得周边城市或本地的环境压力减少1.0629%;金融服务业的间接效应为-1.3008,说明本地或周边城市金融服务业的发展水平提高1%,可以使得周边城市或本地的环境压力减少1.3008%。

(3)房地产服务业的间接效应显著且为正,说明本地或周边城市房地产服务业的发展会增加周边城市或本地的环境压力。其间接效应为0.6684,说明本地或周边城市房地产服务业的发展水平提高1%,会导致周边城市或本地的环境压力增加0.6684%。这说明发展房地产业可能是"双刃剑",一方面可以改善本地的环境,但另一方面却会破坏周边城市的环境。进一步分析表5.7可以发现,房地产服务业的直接效应是小于间接效应的,房地产服务业的总效应为正(0.4737),说明总体来说发展房地产业对于整个长江中游城市群的环境压力来说是弊大于利的,对该产业的发展应该持谨慎态度,需要综合权衡环境经济效益(5.2节分析得出结论:发展房地产业会促进区域制造业和经济的发展,具有极好的经济效益)。

另外,还有一个现象需要注意,仔细比较表5.6和表5.7中直接效应和间接效应的数值可以发现:生产性服务业,包括细分行业,间接效应对环境的改善作用往往要比直接效应更大,说明发展生产性服务业对周边城市环境产生正面积极的空间溢出效应要大于对本地环境的改善效果。

国家层面出台的《长江中游城市群发展规划》提到要在长江中游城市群"建立健全跨区域生态文明建设联动机制"和"推进生态一体化建设"。然而根据上述分析可以知道,长江中游城市群中城市间的环境压力是可以互相转移的,因此可能使得该区域的城市会有转移环境压力(污染)的冲动。如果有城市真的这样做了(转移环境污染)而没有受到惩罚,那么其他城市就会纷纷跟风效仿,则该区域的生态一体化建设将成为空谈。为了应对这一威胁和挑战,就必须切实做好"建立健全跨区域生态文明建设联动机制"这篇文章,唯有如此,才能有效消除这种"通过损人达到利己目的"的动机。当然,更为长远的措施应该是努力实现长江中游城市群产业的转型升级,尤其是需要努力实现"制造经济"向"服务经济"的转型(因为"服务经济"的主力军生产性服务业的发展可以有效缓解城市环境压力)。只有这样,长江中游城市群环境问题的治理才能达到治本的效果,为该区域绿色经济的发展打下坚实的基础。

表 5.7 长江中游城市群生产性服务业细分行业对环境影响的 SDM 估计与检验结果

变量	弹性系数	t 值	p 值	直接效应	t 值	间接效应	t 值	总效应	t 值
lnp1	-0.0365	-0.5870	0.5572	0.0017	0.0277	-1.0629	-4.4912	-1.0611	-4.3919
lnp2	-0.1337	-2.1596	0.0485	-0.1309	-2.1736	-0.0532	-0.2596	-0.1842	-2.1927
lnp3	-0.3314	-2.5134	0.0120	-0.2856	-2.1100	-1.3008	-3.7005	-1.5864	-4.4068
lnp4	-0.1676	-3.1324	0.0017	-0.1947	-3.4564	0.6684	4.5904	0.4737	3.1729
lnp5	0.1059	1.8862	0.2282	0.1080	1.8019	-0.0046	-0.0341	0.1034	0.7579
lnp6	0.0956	1.5523	0.1206	0.0910	1.4270	0.0830	0.6073	0.1740	1.3535
lnpopu	0.8830	5.7214	0.0000	0.8409	5.5689	1.2827	3.2063	2.1236	4.9139
lngdp	0.6388	5.0856	0.0000	0.6209	4.8657	0.6533	1.6459	1.2742	3.1891
$W \times$ lnp1	-1.3680	-4.8304	0.0000						
$W \times$ lnp2	-0.1060	-0.4138	0.6790						
$W \times$ lnp3	-1.7466	-3.9749	0.0001						
$W \times$ lnp4	0.7913	4.6025	0.0000						
$W \times$ lnp5	0.0313	0.1878	0.8510						
$W \times$ lnp6	0.1344	0.7822	0.4341						
$W \times$ lnpopu	1.9164	3.6599	0.0003						
$W \times$ lngdp	1.0437	2.0108	0.0443						
$W \times$ ln$I$	-0.3360	-2.6280	0.0086						

$R^2 = 0.4786$
$Wald\_spatial\_lag = 15.113\ (p = 0.05)$
$LR\_spatial\_lag = 16.370\ (p = 0.046)$
$Wald\_spatial\_error = 17.613\ (p = 0.043)$
$LR\_spatial\_error = 18.004\ (p = 0.0131)$

5.4 小结

本章采用空间杜宾模型,从生产性服务业的影响因素、生产性服务业对制造业和环境的影响等3个方面进行空间计量分析,得出如下结论:

(1)制造业发展水平、工资水平和信息化水平是影响生产性服务业规模发展的主要因素。制造业发展水平对生产性服务业规模发展具有正向的积极影响,而工资水平和信息化水平对生产性服务业规模发展具有负向的消极影响。周边城市人口规模、制造业发展水平和信息化水平的变化对本地生产性服务业规模发展具有显著影响,其中周边城市人口规模的扩大、制造业发展水平的提高对本地生产性服务业规模发展具有负向的消极影响,而周边城市信息化水平的提高对本地生产性服务业规模发展具有正向的积极影响。生产性服务业的规模发展存在显著的负向空间溢出效应。

(2)人口规模、制造业发展水平、政府控制力和工资水平4个因素是影响生产性服务业结构(分工专业化)发展的主要因素,其中人口规模对生产性服务业结构(分工专业化)发展具有负向的消极影响,而制造业发展水平、政府控制力和工资水平对生产性服务业结构(分工专业化)发展具有正向的积极影响,这三者中工资水平对生产性服务业结构(分工专业化)发展影响最大。周边城市的对外开放水平(利用外资水平)和经济发展水平的变化对本地生产性服务业结构(分工专业化)发展具有显著影响,其中周边城市对外开放水平(利用外资水平)的提高对本地生产性服务业结构(分工专业化)发展具有正向的积极影响,而周边城市经济发展水平的提高对本地生产性服务业结构

(分工专业化)发展具有负向的消极影响。

(3)生产性服务业的规模扩张对制造业的发展具有显著的正向促进作用,其中交通运输业、房地产服务业和商务服务业对制造业发展的正向促进作用最为显著;而其结构(分工专业化)发展水平对制造业发展的影响不显著,周边城市的结构(分工专业化)发展水平对本地制造业的发展具有显著的负向消极影响。周边城市的政府控制力和工资水平会通过空间传导机制对本地制造业发展产生影响,其中政府控制力具有积极影响,而工资水平具有消极影响。制造业发展存在明显的正向的空间溢出效应,周边城市制造业的发展会对本地制造业的发展产生积极影响。

(4)生产性服务业的规模发展对环境有显著的改善作用,且周边城市生产性服务业的规模发展对本地环境改善也有明显的作用,其中信息服务业、金融服务业和房地产服务业对环境改善的贡献最显著,但房地产服务业的发展对周边城市会产生环境压力。生产性服务业(含细分行业)的间接效应大于直接效应,对环境改善的作用主要来源于间接效应(空间溢出效应)。生产性服务业的分工专业化发展对环境影响不显著。人口规模的扩大和经济发展水平的提高对环境会产生显著的压力。周边城市环境压力的增加有助于减轻本地的环境压力。

第6章 生产性服务业影响的空间异质性分析

由于采用空间面板数据模型获得的估计结果只具有全局或者平均意义,长江中游城市群中各城市存在历史、人文、地理、资源禀赋和发展等差异,因而影响因素对各城市的作用必然存在变异即空间异质性。分析这种空间异质性对生产性服务业的影响具有重要意义,可为制定差异化的区域发展政策提供一定的线索和依据。由于地理加权回归技术可以较好地处理、分析空间异质性,因此,本章采用地理加权回归模型进行长江中游城市群生产性服务业影响的空间异质性分析[①]。

6.1 生产性服务业影响因素的空间异质性分析

根据 5.1 节的相关研究结论,工资水平、信息化水平和制造业发展水平对生产性服务业的规模有显著影响;工资水平、人口规模、政府控制力和制造业发展水平对生产性服务业的结构(分工专业化)有显

---

① 鉴于地理加权回归模型一般只能用来处理横截面数据,同时为了消除和平滑时间因素的影响,本章构建模型所需的变量指标值采用历年(2003—2014 年)平均值。

著影响。据此,本章选取对生产性服务业规模和结构有显著影响的指标作为解释变量,具体的地理加权回归模型设定如下:

$$\ln Ps = a(u,v) + b(u,v)\ln wage + c(u,v)\ln info + d(u,v)\ln indu + \mu \tag{6.1}$$

$$\ln Sd = a(u,v) + b(u,v)\ln wage + c(u,v)\ln popu + d(u,v)\ln indu + e(u,v)\ln gove + \mu \tag{6.2}$$

其中,(u,v)为城市中心地理坐标,$a(u,v)$为常数项的位置函数,$b(u,v)$、$c(u,v)$、$d(u,v)$、$e(u,v)$为自变量系数的位置函数,μ为随机误差项。

采用 GWR 4.0 软件进行计算,然后将计算得出的系数估计值导入 GIS 软件平台进行可视化空间表达,得到如下结论:

(1)工资水平、信息化水平和制造业发展水平对生产性服务业规模的影响存在空间异质性。在长江中游城市群,工资水平在湖南省范围内对生产性服务业规模的影响(主要为负向影响)最大,其次为湖北省范围,在江西省范围内影响最小;信息化水平在湖南省范围内对生产性服务业规模的影响(基本为负向影响)最小,其次为湖北省范围,在江西省范围内影响最大,其中,对江西省景德镇、上饶、鹰潭3个城市影响最大;制造业发展水平对生产性服务业规模的影响(主要为正向影响)由北向南逐渐减小,对湖北省的襄阳、孝感、荆门、宜昌4个城市影响最大,对湖南省的娄底、衡阳影响最小。

(2)工资水平、人口规模、政府控制力和制造业发展水平对生产性服务业结构的影响存在空间异质性。在长江中游城市群,工资水平在湖南省范围内对生产性服务业结构的影响(为正向影响)最小,在湖北省、江西省范围内影响相对较大,其中对襄阳、孝感和上饶3个城市影响最大;人口规模对生产性服务业结构的影响(为负向影响)由南向北逐渐减小,其中对襄阳、孝感2个城市影响最小;政府控制力对生产性服务业结构的影响(为正向影响)由北向南逐渐增大,其中对湖南省的娄底、衡阳2个城市影响最大;制造业发展水平对生产性服务业结构的影响(为正向影响)由北向南逐渐减小,其中对湖北省的襄阳、孝感2个城市影响最大,对湖南省的娄底、衡阳2个城市影响最小。

6.2 生产性服务业对制造业影响的空间异质性分析

根据5.2节的相关研究结论,生产性服务业规模对制造业发展有显著影响,生产性服务业结构及其他因素(教育水平、对外开放水平、政府控制力、经济发展水平、工资水平和信息化水平)对制造业发展影响不显著;而生产性服务业中的交通运输业、房地产服务业和商务服务业对制造业发展有显著影响。据此,本章选取对制造业发展有显著影响的指标作为解释变量,具体的地理加权回归模型设定如下:

$$\ln indu = a(u,v) + b(u,v)\ln Ps + \mu \tag{6.3}$$

$$\ln Ps = a(u,v) + b(u,v)\ln p1 + c(u,v)\ln p4 + d(u,v)\ln p5 + \mu \tag{6.4}$$

其中,(u,v)为城市中心地理坐标,$a(u,v)$为常数项的位置函数,$b(u,v)$、$c(u,v)$和$d(u,v)$为自变量系数的位置函数,μ为随机误差项。

分析得到如下结论:

(1)生产性服务业规模对制造业发展的影响存在空间异质性。在长江中游城市群,生产性服务业规模对制造业发展的影响(为正向影响)在南部城市要大于北部城市,其中对湖南省的益阳和江西省的萍乡、吉安、鹰潭影响最大,而对湖北省的襄阳和孝感影响最小。

(2)交通运输业、房地产服务业和商务服务业对制造业发展的影响存在空间异质性。在长江中游城市群,交通运输业对制造业发展的影响(为正向影响)由西北向东南逐渐减弱,其中对湖北省的襄阳、宜昌、荆门、孝感和荆州5个城市影响最大,对江西省的上饶、鹰潭、抚州、吉安和湖南省的衡阳5个城市影响最小;房地产服务业对制造业发展的影响(为正向影响)由西向东逐渐减小;商务服务业对制造业发展的影响在大部分城市是正向影响,由西北向东南逐渐增强,但是在湖北省的襄阳、荆门和宜昌3个城市为弱负向影响。

6.3 生产性服务业对环境影响的空间异质性分析

根据5.3节的相关研究结论,生产性服务业规模对环境有显著影响,生产性服务业结构对环境影响不显著;而生产性服务业中的信息服务业、金融服务业和房地产服务业对环境有显著影响。据此,本章选取对环境有显著影响的指标作为解释变量,具体的地理加权回归模型设定如下:

$$\ln I = a(u,v) + b(u,v)\ln popu + c(u,v)\ln gdp + d(u,v)\ln Ps + \mu \quad (6.5)$$

$$\ln Ps = a(u,v) + b(u,v)\ln p2 + c(u,v)\ln popu + d(u,v)\ln gdp + e(u,v)\ln p3 + f(u,v)\ln p4 + \mu \quad (6.6)$$

其中,(u,v)为城市中心地理坐标,$a(u,v)$为常数项的位置函数,$b(u,v)$、$c(u,v)$、$d(u,v)$、$e(u,v)$和$f(u,v)$为自变量系数的位置函数,μ为随机误差项。

分析得到如下结论:

(1)生产性服务业规模、人口规模和经济发展水平对环境的影响存在空间异质性。在长江中游城市群,生产性服务业规模对环境的影响(主要为负向影响,即改善型影响)在湖南省范围内较大,在湖北省范围、江西省范围内较小,而在江西省的鹰潭、抚州2个城市存在弱压力影响;人口规模对环境的影响(主要为正向影响,即压力型影响)在湖南省范围内最大,其次为湖北省,在江西省范围内最小;经济发展水平对环境的影响(主要为正向影响)在中部城市较大,在东、西部城市较小,其中对湖北省的武汉、鄂州、黄石、黄冈和江西省的萍乡5个城市影响最大。

(2)信息服务业、金融服务业和房地产服务业对环境的影响存在空间异质性。在长江中游城市群,信息服务业对环境的影响(主要为负向影响,即改善型影响),改善作用由北到南逐渐增强,其中对衡阳和娄底最强;金融服务业对环境的影响(为负向影响),改善作用由南北两端向中部逐渐减弱,其中对衡阳和吉安最强;房地产服务业对环境的影响在大部分城市(16个)都是改善型影响,压力型影响的城市有12个,对黄石、咸宁、岳阳、九江和景德镇的改善作用最为明显。

从以上分析可见,在长江中游城市群内生产性服务业影响(生产性服务业影响因素、生产性服务业对制造业和环境的影响)存在空间异质性。由于这种空间异质性的存在,各城市在制定区域发展政策和环境政策时不应再沿用过去"一刀切"的政策制定思路,而应该结合实际,因城因地制策施策。

第 7 章　结论和讨论

7.1 结论

本书建立了生产性服务业空间分工、效应和影响的综合集成研究框架,通过计算长江中游城市群生产性服务业 2003—2014 年的城市相对专业化指数、城市间相对专业化指数、行业相对专业化指数、行业地方化指数和规模集聚指数来分析该区域生产性服务业空间分工特点、集聚模式和发展趋势;然后从规模(从业人数)和结构(城市相对专业化指数和行业相对专业化指数)两个方面计算了生产性服务业 6 个细分行业 12 年间(2003—2014 年)的空间自相关指数(Moran's I),在此基础上进一步计算并分析了不同距离阈值下 Moran's I 的变化特征,从而确定了生产性服务业发展产生的空间效应的有效影响范围;最后采用双固定效应空间杜宾模型和地理加权回归模型,从生产性服务业影响因素、生产性服务业对制造业和对环境的影响等 3 个方面进行计量分析。主要结论如下:

(1)空间分工方面。长江中游城市群生产性服务业的相对专业化程度总体水平较低,呈现多样化特征;每个城市都有 1—3 个专业化程度较高的产业,不同产业在不同城市受到的重视程度差异较大;区域中心城市(南昌、武汉和长沙)之间及区域中心城市和其他城市之间的相对专业化指数较低,城市间生产性服务业专业化分工合作不足,竞争大于合作。

(2)空间效应方面。长江中游城市群生产性服务业发展存在明显的"核心-外围"格局,从而导致生产性服务业发展的空间效应主要表现为虹吸效应,且虹吸效应在 250 千米范围内最明显。

(3)发展影响方面。制造业发展水平、工资水平和信息化水平是影响生产性服务业规模发展的主要因素,周边城市人口规模、制造业发展水平和信息化水平的变化对本地生产性服务业规模发展具有显著影响,生产性服务业的规模发展存在显著的负向空间溢出效应;人口规模、制造业发展水平、政府控制力和工资水平 4 个因素是影响生产性服务业分工发展的主要因素,周边城市的对外开放水平和经济发展水平的变化对本地生产性服务业的专业分工发展具有显著影响;生产性服务业的规模扩张对制造业发展具有显著的正向促进作用,而其分工发展水平对制造业发展的影响不显著,但周边城市的分工发展水平对本地制造业发展具有显著的负向消极影响,周边城市的政府控制力和工资水平会通过空间传导机制对本地制造业发展产生影响,制造业发展存在明显的正向的空间溢出效应;生产性服务业的规模发展对环境有显著的改善作用;生产性服务业影响存在空间异质性。

7.2 不足

(1)研究区域选择有所欠缺。由于受数据可得性的影响,本书研究没有考虑天门、潜江和仙桃 3 个湖北省直辖县级市,导致研究区域不太完整。今后如有可能可以考虑将3个县级市并为一个市进行研究，从而保证研究区域的完整性。

(2)生产性服务业的测度指标选择有所欠缺。由于受数据统计标准和口径的影响，本书选择从业人数作为生产性服务业的测度指标，而忽略了产值指标，导致对生产性服务业的测度不全面。如果能获取产值数据，对生产性服务业的空间分工、效应和影响进行再研究，并且与本书的相关研究结论进行对比，将使得有关生产性服务业的研究结论更加全面和科学。

(3)空间权重距离选择单一。本书空间权重矩阵的距离只选择了城市中心之间的直线距离，而没有考虑城市间的交通距离(公路、铁路和航空等)和经济距离(如地区生产总值和空间邻接矩阵的结合)，可能导致研究结果不够全面。因此，有必要在今后的研究中，考虑采用多种类型的空间距离(交通距离和经济距离)设置空间权重矩阵，并比较分析不同类型距离的空间权重矩阵的计算结果，从而得出更全面科学的研究结果。

(4)时间对空间异质性的影响考虑不足。本书采用的地理加权回归模型只能处理横截面数据的空间异质性，而事实上，生产性服务业的影响会随着时间的推移发生变化，因此为了深入掌握生产性服务业影响的时间分异特征，将时间因素纳入模型，建立时空地理加权回归模型，应该是今后研究需要深化的重要方向。

7.3 讨论和建议

根据本书的研究结论，长江中游城市群生产性服务业发展存在产业同构现象和虹吸效应，是两个比较棘手的问题，处理不好会影响长江中游城市群区域一体化发展进程。产业同构会导致城市间竞争大于合作,而虹吸效应会导致区域发展两极分化(广大外围中小城市的生产性服务业规模不断萎缩,而核心城市的生产性服务业规模不断扩大)。如何破解?本书建议从比较优势和产业转型两方面进行努力。

一是充分发挥比较优势。产业同构本质上就是城市没有找到自己具有比较优势的产业,盲目跟风,尤其是模仿区域中心城市的产业发展,从而导致"千城一面"。事实上,长江中游城市群中各城市都是各具特点特色,历史、资源禀赋不尽相同,完全可以因地制宜,找准符合自身资源禀赋和发展环境的具有比较优势的生产性服务业。通过不断厚植并扩大比较优势,避免产业同构现象,避免区域城市间的产业恶性竞争,形成分工合作、协调有序的区域产业发展秩序,为促进区域一体化发展创造有利条件。

二是注重产业转型升级。虹吸效应之所以会产生,主要是因为区域核心城市生产性服务业的发展不足,仍处于较低等级发展水平,不得不从周边城市吸取产业发展所需要的较多的资源要素。因此,为了避免虹吸效应的产生,或者说减弱核心城市生产性服务业发展产生的虹吸效应对周边城市的影响,长江中游城市群的核心城市(南昌、武汉和长沙)就必须特别注重生产性服务业的转型升级。如交通运输业方面可以淘汰高排量车,选择新能源车辆,发展生态交通等;金融服务业方面可以发展绿色金融等;科技服务业方面可以努力提高技术创新比重等。多发展知识密集和创新高效的生产性服务业,通过转型升级,一方面可以减少对资源要素的依赖,另一方面可以实现生产性服务业提质增效,使得生产性服务业的发展进入较高等级,将以虹吸效应为主转变为以扩散效应为主,带动促进周边城市的产业发展,从而促进区域协调发展。

生产性服务业本质上来说是为制造业服务的,如果没有繁荣的制造业,生产性服务业就成了无源之水、无本之木。长江中游城市群属于中部地区,制造业发展先天不足,尤其是对于非区域中心城市而言,制造业发展更是落后。根据本书的研究,长江中游城市群制造业发展存在正向的空间溢出效应即扩散效应,为非区域中心城市制造业发展提供了良好契机。地方政府可以充分利用制造业的扩散效应,加大招商引资力度,加快承接引进区域中心城市转移的制造业,做大做强本地的制造业,为本地生产性服务业发展提供肥沃土壤。通过利用制造业的扩散效应,夯实生产性服务业的发展基础;通过发挥地区比较优势,形成特色优势生产性服务业;通过转型升级,实现生产性服务业的提质增效。三管齐下,长江中游城市群生产性服务业方能形成又快又好的发展局面。

由于生产性服务业发展产生的虹吸效应的有效影响范围大致为250千米,所以,在制定有关区域生产性服务业产业协调发展政策时,建议给予区域中心城市(南昌、武汉和长沙)周边250千米范围内的城市重点关注,尤其需要注意此范围内城市间的产业协调有序发展,避免无序无效的内耗式的产业经济竞争,努力将虹吸效应的影响作用降至最低。

在长江中游城市群内生产性服务业影响存在空间异质性,这提醒政策制定者在制定该区域的发展政策时一定要考虑政策影响区域的实际情况(差异性)。区域发展政策只有充分考虑了空间异质性,才能做到有的放矢,收到预期效果。

长江中游城市群既要成为长江经济带的重要经济支撑,又要成为国家生态文明建设示范区。"生态优先,绿色发展"已成为长江中游城市群中城市发展的共识,这就使得该区域面临加快经济发展和环境保护的双重压力。在此重压之下,对传统产业进行生态化改造,并大力发展生态产业,使之成为主导和支柱产业是必然的产业发展趋势。根据本书的研究结论,生产性服务业的发展可以有效缓解环境压力,因此,大力发展生产性服务业或可以为长江中游城市群建设环境友好型社会提供新路径,从而为该区域的发展之困破局。

参考文献

[1] Greenfield H.. *Man Power and the Growth of Producer Services* [M]. New York: Columbia University Press, 1966.

[2] Kirn T. J.. Growth and Change in the Service Sector of the US: A Spatial Perspective[J]. *Annals of the Association of American Geographers*, 1987, 77(3): 353-372.

[3] Forstall R. L., Greene R. P.. Defining Job Concentrations: The Los Angeles Case[J]. *Urban Geography*, 1997, 18(8): 705-739.

[4] Bryson J. R., Daniels P. W.. *Service Industries in the Global Economy*[M]. Cheltenham, UK: Edward Elgar, 1998.

[5] Sassen S.. *The Global City: New York, London, Tokyo*[M]. Princeton, NJ: Princeton University Press, 1991.

[6] Wood P.. Urban Development and Knowledge Intensive Business Services: Too Many Unanswered Questions? [J]. *Growth and Change*, 2006, 37(3): 335-361.

[7] Lindahl D. P., Beyers W. B.. The Creation of Competitive Advantage by Producer Service Establishments[J]. *Economic Geography*,

1999,75(1):1-20.

[8] MacPherson A. D.. The Role of Producer Service Outsourcing in the Innovation Performance of New York State Manufacturing Firms[J]. *Annals of the Association of American Geographers*,1997,87(1):52-71.

[9] Illeris S.. *The Service Economy:A Geographical Approach*[M]. Chichester,UK:Wiley,1996.

[10] Gilmer R. W.. Identifying Service-Sector Exports from Major Texas Cities[J]. *Economic Review*,1990,July:1-16.

[11] Drennan P.. Gateway Cities:The Metropolitan Sources of US Producer-Service Exports[J]. *Urban Studies*,1992,29(2):217-235.

[12] Harrington J. W., Campbell H. S.. The Suburbanization of Producer Service Employment[J]. *Growth and Change*,1997,28(3):335-359.

[13] Marshall J. N.. *Services and Uneven Development*[M]. Oxford:Oxford University Press, 1988.

[14] Coffey W. J., Polése M.. Producer Services and Regional Development:A Policy-Oriented Perspective[J]. *The Regional Science Association*,1989,67(1):13-27.

[15] Maillat D. , Perrin J. C.. *Enterprises Innovatrices at Réseaux Locaux*[M]. Neuchatel:GREMI,1992.

[16] Marshall J. N.. Linkages between Manufacturing Industry and Business Services[J]. *Environment and Planning A*,1982,14(11):1523-1540.

[17] Howland M.. Producer Services and Competition from Off-

shore:U. S. Data Entry and Banking[C]. Daniels P. W.. Lever W. F.. The Global Economy in Transition, London, UK:Longmans, 1996.

[18]Sirat M.. Producer Services and Growth Management of A Metropolitan Region:The Case of Kuala Lumpur, Malaysia[J]. *Asian Pacific Viewpoint*, 1998, 39(2):221-235.

[19]Sealte G. H.. Changes in Producer Services Location, Sydney: Globalization, Technology and Labor[J]. *Asia Pacific Viewpoint*, 1998, 39(2):237-255.

[20]Daniels P. W., Ho K. C., Hutton T. A.. *Service Industries and Asia-Pacific Cities: New Development Trajectories*[M]. London:Routledge, 2005.

[21] Coffey W. J., Drolet R., Polese M.. The Intrametropolitan Location of High Order Services:Patterns, Factors and Mobility in Montreal [J]. *Papers in Regional Science*, 1996, 75(3):293-323.

[22]Coffey W.. The Geographies of Producer Services [J]. *Urban Geography*, 2000, 21(2):170-183.

[23] Hermelin B.. The Urbanization and Suburbanization of the Service Economy Producer Services and Specialization in Stockholm[J]. *Human geography B*, 2007, 89:59-74.

[24]Hong Yi, Fiona F. Yang, Anthony G. O. Yeh.. Intraurban Location of Producer Services in Guangzhou, China[J]. *Environment and Planning A*, 2011, 43(1):28-47.

[25]Krenz A.. Services Sectors' Agglomeration and Its Interdependence with Industrial Agglomeration in the European Union[J]. *Cege Dis-*

cussion Paper, 2010, 107(6):1-20.

[26] Kolko J.. *Urbanization, Agglomeration, and Coagglomeration of Service Industries, in Agglomeration Economics*[M]. University of Chicago Press, 2010:151-180.

[27] Taylor P. J., Derudder B., Hoyler M., et al.. New Regional Geographies of the World as Practised by Leading Advanced Producer Service Firms in 2010[J]. *Transactions of the Insititute of British Geographs*, 2013, 38(3):497-511.

[28] Anselin L.. *Spatial Econometrics: Methods and Models*[M]. Dordrecht:Kluwer Academic Publishers, 1988.

[29] Elhorst J. P.. *Spatial Panel Data Models and Book of Applied Spatial Analysis*[M]. Berlin:Springer Verlag, 2010.

[30] Fotheringham A. S., Brunsdon C., Charlton M.. *Geographically Weighted Regression: The Analysis of Spatially Arying Relationships*[M]. Chichester:Wiley, 2002.

[31] Bo Huang, Li Zhang, Bo Wu. Spatiotemporal Analysis of Rural-Urban Land Conversion[J]. *International Journal of Geographical Information Science*, 2009, 23(3):379-398.

[32] Rey S., Dev B.. Sigma Convergence in the Presence of Spatial Effects[J]. *Economics Working Paper Archive at WUSTL*, 1999(23):323-344.

[33] Krugman P.. *Geography and Trade*[M]. Cambridge, MA:The MIT Press, 1991.

[34] Waggoner P. R., Ausubel J. H.. A Framework for Sustain-

ability Science:A Renovated IPAT Identity[J]. *National Academy of Sciences*,2002,99:7860-7865.

[35]York R., Rosa E. A., Dietz T.. Bridging Environmental Science with Environmental Policy:Plasticity of Population, Affluence and Technology[J]. *Social Science Quarterly*,2002,83(1):18-34.

[36]York R., Rosa E. A., Dietz T.. Footprints on the Earth:The Environmental Consequences of Modernity[J]. *American Sociological Review*,2003,68(4):279-300.

[37]York R., Rosa E. A., Dietz T.. STIRPAT, IPAT, and ImPACT:Analytic Tools for Unpacking the Driving Forces of Environmental Impacts[J]. *Ecological Economics*,2003,23:351-365.

[38]Yang Y., Liu Y.. Spatio-Temporal Analysis of Urbanization and Land and Water Resources Efficiency of Oasis Cities in Tarim River Basin [J]. *Journal of Geographical Sciences*,2014,24(3):509-525.

[39]Baltagi B. H.. *A Companion to Econometric Analysis of Panel Data*[M]. New York:John Wiley & Sons,2009.

[40]Venables J.. Equilibrium Locations of Vertically Linked Industries[J]. *International Economic Review*,1996,37(2):341-359.

[41]Tobler W.. A Computer Movie Simulating Urban Growth in the Detroit Region[J]. *Economic Geography*,1970,46:234-240.

[42]Poncet S.. Provincial Migration Dynamics in China:Borders, Costs and Economic Motivations[J]. *Regional Science and Urban Economics*,2006,36(3):385-398.

[43]Redding S., Venables A. J.. Economic Geography and Interna-

tional Inequality[J]. *Journal of International Economics*, 2004, 62: 53-82.

[44] Gibbons S., Overman H. G.. Mostly Pointless Spatial Econometrics[J]. *Journal of Regional Science*, 2012, 52: 172-191.

[45] Pesaran M. H., Tosetti E.. Large Panels with Common Factors and Spatial Correlation[J]. *Journal of Econometrics*, 2011, 161: 182-202.

[46] Robinson S.. A Note on the U Hypothesis Relating Income Inequality and Economic Development[J]. *American Economic Review*, 1976, 66: 437-440.

[47] Annette S. Zeilstra, J. Paul Elhorst. Integrated Analysis of Regional and National Unemployment Differentials in the European Union[J]. *Regional Studies*, 2012, 21: 1739-1755.

[48] Chen M. X., Liu W. D., Tao X. L.. Evolution and Assessment on China's Urbanization 1960-2010: Under-Urbanization or Over-Urbanization[J]. *Habitat International*, 2013, 38: 25-33.

[49] Wang S. J., Ma H. T., Zhao Y. B.. Exploring the Relationship between Urbanization and the Eco-Environment: A Case Study of Beijing-Tianjin-Hebei Region[J]. *Ecological Indicators*, 2014, 45: 171-183.

[50] Taylor A. M., Williamson J. G.. Convergence in the Age of Mass Migration[J]. *European Review of Economic History*, 2006, 1(1): 27-63.

[51] Wu Q. Y., Zhang X. L., Waley P.. Jiaoyufication: When Gentrification Goes to School in the Chinese Inner City[J]. *Urban Stud-*

ies,2016,53(16):3510-3526.

[52]Chetty R., Hendren N., Kline P., et al.. Where Is the Land of Opportunity? The Geography of Intergenerational Mobility in the United States[J]. *Quarterly Journal of Economics*,2014,129(4):1553-1623.

[53]Chen M. X., Liu W. D., Lu D. D.. Challenges and the Way Forward in China's New-Type Urbanization[J]. *Land Use Policy*,2016,55:334-339.

[54]Elhorst J. P.. *Spatial Econometrics:From Cross-Sectional Data to Spatial Panels*[M]. Heidelberg,New York,Dordrecht,London:Springer,2014.

[55]Liao F. H., Wei Y. D.. Space,Scale,and Regional Inequality in Provincial China:A Spatial Filtering Approach[J]. *Applied Geography*, 2015,61:94-104.

[56]Li Y. F., Li Y., Zhou Y., et al.. Investigation of a Coupling Model of Coordination between Urbanization and the Environment[J]. *Journal of Environmental Management*,2012(98):127-133.

[57]Berry H., Guillen M. F., Hendi A. S.. Is There Convergence Across Countries? A Spatial Approach[J]. *Journal of International Business Studies*,2014,45(4):387-404.

[58]Yang Shangguang,Wang Yaolin Mark,Wang Chunlan. Revisiting and Rethinking Regional Urbanization in Changjiang River Delta,China[J]. *Chinese Geographical Science*,2012,22(5):617-625.

[59]Wei Y. D.. Spatiality of Regional Inequality[J]. *Applied Geography*,2015,61:1-10.

[60]唐强荣,徐学军. 基于共生理论的生产性服务企业与制造企业合作关系的实证研究[J]. 工业技术经济,2008,27(12):81-83.

[61]徐学军. 助推新世纪的经济腾飞:中国生产性服务业巡礼[M]. 北京:科学出版社,2008.

[62]顾乃华,毕斗斗,任旺兵. 中国转型期生产性服务业发展与制造业竞争力关系研究——基于面板数据的实证分析[J]. 中国工业经济,2006(9):14-21.

[63]邱灵,申玉铭,任旺兵. 北京生产性服务业与制造业的关联及空间分布[J]. 地理学报,2008,63(12):1299-1310.

[64]申玉铭,邱灵,王茂军,等. 中国生产性服务业产业关联效应分析[J]. 地理学报,2007(8):821-830.

[65]李博,韩增林. 基于投入产出法的大连市生产性服务业与制造业互动研究[J]. 地理科学,2012,32(2):169-175.

[66]申玉铭,邱灵,尚于力,等. 京沪生产性服务业比较研究[J]. 地理研究,2009,28(2):441-450.

[67]程大中. 中国生产性服务业的水平、结构及影响:基于投入—产出法的国际比较研究[J]. 经济研究,2008(1):76-88.

[68]张三峰. 我国生产者服务业城市集聚度测算及其特征研究——基于21个城市的分析[J]. 产业经济研究,2010(3):31-37.

[69]薛东前,石宁,公晓晓. 西安市生产者服务业空间布局特征与集聚模式研究[J]. 地理科学,2011,31(10):1195-1201.

[70]王小平,陈永国. 基于大梯度极差理论的生产性服务业协作政策研究——以京津冀经济圈为例[J]. 经济与管理,2008(1):25-28.

[71]张旺,申玉铭. 京津冀都市圈生产性服务业空间集聚特征

[J].地理科学进展,2012,31(6):742-749.

[72]李佳洺,孙铁山,张文忠.中国生产性服务业空间集聚特征与模式研究——基于地级市的实证分析[J].地理科学,2014,34(4):385-393.

[73]许媛,李靖华,盛亚.长江三角洲生产性服务业分工布局研究——以软件产业为例[J].科技进步与对策,2009,26(7):54-58.

[74]樊福卓.长江三角洲地区服务业分工分析[J].当代经济管理,2009,31(8):53-56.

[75]钟韵,闫小培.改革开放以来香港生产性服务业对广州同行业的影响[J],地理研究,2006(1):151-160.

[76]陈建军,陈国亮,黄洁.新经济地理学视角下的生产性服务业集聚及其影响因素研究——来自中国222个城市的经验证据[J].管理世界,2009(4):83-95.

[77]席强敏,陈曦,李国平.中国生产性服务业市场潜能与空间分布——基于面板工具模型的实证研究[J].地理科学,2016,36(1):1-9.

[78]席强敏,李国平.京津冀生产性服务业空间分工特征及溢出效应[J].地理学报,2015,70(12):1926-1938.

[79]金春雨,程浩.中国制造业产业集聚与地区专业化存在空间溢出效应吗?——来自空间杜宾模型的经验证据[J].21世纪数量经济学,2013,13(00):506-527.

[80]林光平,龙志和,吴梅.中国地区经济σ-收敛的空间计量实证分析[J].数量经济技术经济研究,2006(4):14-21+69.

[81]王火根,沈利生.中国经济增长与能源消费空间面板分析

[J].数量经济技术经济研究,2007(12):98-107+149.

[82]孙克,徐中民.环境影响评价中人文因素作用的空间计量[J].生态学报,2009,29(3):1563-1570.

[83]程叶青,王哲野,张守志,等.中国能源消费碳排放强度及其影响因素的空间计量[J].地理学报,2013,68(10):1418-1431.

[84]赵良仕,孙才志,郑德凤.中国省际水足迹强度收敛的空间计量分析[J].生态学报.2014,34(5):1085-1093.

[85]庞瑞秋,腾飞,魏冶.基于地理加权回归的吉林省人口城镇化动力机制分析[J].地理科学,2014,34(10):1210-1217.

[86]孙克,徐中民.基于地理加权回归的中国灰水足迹人文驱动因素分析[J].地理研究,2016,35(1):37-48.

[87]樊福卓.地区专业化的度量[J].经济研究,2007(9):71-83.

[88]徐中民,程国栋.中国人口和富裕对环境的影响[J].冰川冻土,2005,27(5):767-773.

[89]吴玉鸣,田斌.省域环境库兹涅茨曲线的扩展及其决定因素——空间计量经济学模型实证[J].地理研究,2012,31(4):627-640.

[90]刘辉,申玉铭,柳坤.中国城市群金融服务业发展水平及空间格局[J].地理学报,2013,68(2):186-198.

[91]张丹,孙铁山,李国平.中国首都圈区域空间结构特征——基于分行业就业人口分布的实证研究[J].地理研究,2012,31(5):899-908.

[92]赵增耀,夏斌.市场潜能、地理溢出与工业集聚——基于非

线性空间门槛效应的经验分析[J].中国工业经济,2012(11):71-83.

[93]徐中民,程国栋.人地系统中人文因素作用的分析框架探讨[J].科技导报,2008(3):86-92.

[94]苑韶峰,杨丽霞,杨桂山,等.耕地非农化的社会经济驱动因素异质性研究——基于STIRPAT和GWR模型的实证分析[J].经济地理,2013,33(5):137-143.

[95]吴玉鸣.中国省域旅游业弹性系数的空间异质性估计——基于地理加权回归模型的实证[J].旅游学刊,2013,28(2):35-43.

[96]王景雷,康绍忠,孙景生,等.基于PCA和GWR的作物需水量空间分布估算[J].科学通报,2012,58(12):1131-1139.

[97]李立清,许荣.中国居民健康水平的区域差异分析[J].卫生经济研究,2015(1):14-20.

[98]韩增林,李彬,张坤领.中国城乡基本公共服务均等化及其空间格局分析[J].地理研究,2015,34(11):2035-2048.

[99]赵雪雁,王伟军,万文玉.中国居民健康水平的区域差异:2003—2013[J].地理学报,2017,72(4):685-698.

[100]汤庆园,徐伟,艾福利.基于地理加权回归的上海市房价空间分异及其影响因子研究[J].经济地理,2012,32(2):52-58.

[101]庞瑞秋,赵梓渝,王唯,等.住房制度改革以来长春市新建住宅的空间布局研究[J].地理科学,2013,33(4):435-442.

[102]谷兴,周丽青.基于地理加权回归的武汉市住宅房价空间分异及其影响因素分析[J].国土与自然资源研究,2015(3):63-68.

[103]陈培阳.中国城市学区绅士化及其社会空间效应[J].城

市发展研究,2015,22(8):55-60.

[104]陈祖海,雷朱家华.中国环境污染变动的时空特征及其经济驱动因素[J].地理研究,2015,34(11):2165-2178.

[105]彭文斌,吴伟平,邝嫦娥.中国工业污染空间分布格局研究[J].统计与决策,2013(20):115-117.

[106]白永平,陈博文,吴常艳.关中—天水经济区路网空间通达性分析[J].地理科学进展,2012,31(6):724-732.

[107]陈博文,白永平,吴常艳.基于"时空接近"的区域经济差异、格局和潜力研究——以呼包鄂榆经济区为例[J].经济地理,2013,33(1):27-34.

[108]陈博文,陆玉麒,柯文前,等.江苏交通可达性与区域经济发展水平关系测度——基于空间计量视角[J].地理研究,2015,34(12):2283-2294.

[109]陈雯,王钰.长江三角洲空间一体化发展格局的初步测度[J].地理科学,2013,33(8):902-908.

[110]石敏俊,杨晶,龙文,等.中国制造业分布的地理变迁与驱动因素[J].地理研究,2013,32(9):1708-1720.

[111]张晓平,孙磊.北京市制造业空间格局演化及影响因子分析[J].地理学报,2012,67(10):1308-1316.

[112]王俊松.长三角制造业空间格局演化及影响因素[J].地理研究,2014,33(12):2312-2324.

[113]王开科,曾五一,王开泳.中国省域城镇工资水平的区域分异机制与空间效应[J].地理研究,2013,32(11):2107-2120.

[114]梅志雄,徐颂军,欧阳军.珠三角县域城市潜力的空间集聚

演化及影响因素[J]. 地理研究,2014,33(2):296-309.

[115]刘涛,曹广忠. 城市规模的空间聚散与中心城市影响力——基于中国637个城市空间自相关的实证[J]. 地理研究,2012,31(7):1317-1327.

[116]黄建欢,吕海龙,王良健. 金融发展影响区域绿色发展的机理——基于生态效率和空间计量的研究[J]. 地理研究,2014,33(3):532-545.

[117]毛琦梁,董锁成,黄永斌,等. 首都圈产业分布变化及其空间溢出效应分析——基于制造业从业人数的实证研究[J]. 地理研究,2014,33(5):899-914.

[118]钱明辉,胡日东. 中国区域性金融中心的空间辐射能力[J]. 地理研究,2014,33(6):1140-1150.

[119]钱明辉,胡日东. 构建区域性金融服务中心能力的研究[J]. 经济地理,2013,33(4):101-106.

[120]范斐,杜德斌,李恒,等. 中国地级以上城市科技资源配置效率的时空格局[J]. 地理学报,2013,68(10):1331-1343.

[121]李国平,王春杨. 我国省域创新产出的空间特征和时空演化——基于探索性空间数据分析的实证[J]. 地理研究,2012,31(1):95-106.

[122]王春杨,张超. 中国地级区域创新产出的时空模式研究——基于ESDA的实证[J]. 地理科学,2014,34(12):1438-1444.

[123]蒋天颖. 浙江省区域创新产出空间分异特征及成因[J]. 地理研究,2014,33(10):1825-1836.

[124]吕拉昌,谢媛媛,黄茹. 我国三大都市圈城市创新能级体系

比较[J]. 人文地理,2013,28(3):91-95.

[125]王俊松,颜燕,胡曙虹. 中国城市技术创新能力的空间特征及影响因素——基于空间面板数据模型的研究[J]. 地理科学,2017,37(1):11-18.

[126]高超,金凤君,傅娟,等.1996—2011年南非人口空间分布格局与演变特征[J]. 地理科学进展,2013,32(7):1167-1176.

[127]丁镭,黄亚林,刘云浪,等.1995—2012年中国突发性环境污染事件时空演化特征及影响因素[J]. 地理科学进展.2015,34(6):749-760.

[128]杨小林,李义玲. 长江流域跨界水污染事故应急响应联动机制[J]. 水资源保护,2014,30(2):78-81+91.

[129]周扬,李宁,吴文祥,等.1982—2010年中国县域经济发展时空格局演变[J]. 地理科学进展,2014,33(1):102-113.

[130]刘建国,李国平,张军涛,等. 中国经济效率和全要素生产率的空间分异及其影响[J]. 地理学报,2012,67(8):1069-1084.

[131]戴彬,金刚,韩明芳. 中国沿海地区海洋科技全要素生产率时空格局演变及影响因素[J]. 地理研究,2015,34(2):328-340.

[132]苏为华,王龙,李伟. 中国海洋经济全要素生产率影响因素研究——基于空间面板数据模型[J]. 财经论丛,2013,(3):9-13.

[133]王劲峰,Fischer M. M.,刘铁军. 经济与社会科学空间分析[M]. 北京:科学出版社,2012.

[134]高远东,花拥军. 人力资本空间效应与区域经济增长[J]. 地理研究,2012,31(4):711-719.

[135]陈培阳,朱喜钢. 基于不同尺度的中国区域经济差异[J].

地理学报,2012,67(8):1085-1097.

[136]叶信岳,李晶晶,程叶青.浙江省经济差异时空动态的多尺度与多机制分析[J].地理科学进展,2014,33(9):1177-1186.

[137]李晶晶,苗长虹.长江经济带人口流动对区域经济差异的影响[J].地理学报,2017,72(2):197-212.

[138]陆大道.建设经济带是经济发展布局的最佳选择——长江经济带经济发展的巨大潜力[J].地理科学,2014,34(7):769-772.

[139]陈雯,闫东升,孙伟.长江三角洲新型城镇化发展问题与态势的判断[J].地理研究,2015,34(3):397-406.

[140]王聪,曹有挥,陈国伟.基于生产性服务业的长江三角洲城市网络[J].地理研究,2014,33(2):323-335.

[141]陆玉麒,董平.新时期推进长江经济带发展的三大新思路[J].地理研究,2017,36(4):605-615.

[142]马丽,金凤君,刘毅.中国经济与环境污染耦合度格局及工业结构解析[J].地理学报,2012,67(10):1299-1307.

[143]虞孝感,张维阳.沿江开发成就卓著 环境保护任重道远——热烈祝贺《长江流域资源与环境》创刊二十周年[J].长江流域资源与环境,2012,21(7):781-785.

[144]盛虎,刘慧,王翠榆,等.滇池流域社会经济环境系统优化与情景分析[J].北京大学学报(自然科学版),2012,48(4):638-647.

[145]韩瑞玲,佟连军,佟伟铭,等.经济与环境发展关系研究进展与述评[J].中国人口·资源与环境,2012,22(2):119-124.

[146]樊杰,王亚飞,汤青,等.全国资源环境承载能力监测预警(2014版)学术思路与总体技术流程[J].地理科学,2015,35(1):1-

10.

[147]邹辉,段学军.长江经济带经济—环境协调发展格局及演变[J].地理科学,2016,36(9):1408-1417.

[148]段学军,邹辉,王磊.长江经济带建设与发展的体制机制探索[J].地理科学进展,2015,34(11):1377-1387.

[149]樊杰,王亚飞,陈东,等.长江经济带国土空间开发结构解析[J].地理科学进展,2015,34(11):1336-1344.

[150]孙威,李文会,林晓娜,等.长江经济带分地市承接产业转移能力研究[J].地理科学进展,2015,34(11):1470-1478.

[151]虞孝感,王磊,杨清可,等.长江经济带战略的背景及创新发展的地理学解读[J].地理科学进展,2015,34(11):1368-1376.

[152]张建伟,石江江,王艳华,等.长江经济带创新产出的空间特征和时空演化[J].地理科学进展,2016,35(9):1119-1128.

[153]陈诚,甄云鹏.江苏省长江岸线资源利用变化及合理性分析[J].自然资源学报,2014,29(4):633-642.

[154]陈欢,陈雯,曹有挥,等.江苏苏中3市的沿江岸线资源开发利用变化及驱动因素[J].长江流域资源与环境,2015,24(5):711-718.

[155]曹有挥,蒋自然,陈欢,等.长江沿岸港口体系的形成过程与机制[J].地理科学进展,2015,34(11):1430-1440.

[156]王成金,程佳佳,马丽.长江立体化综合交通运输走廊的空间组织模式[J].地理科学进展,2015,34(11):1441-1448.

[157]梅琳,黄柏石,敖荣军,等.长江中游城市群城市职能结构演变及其动力因子研究[J].长江流域资源与环境,2017,26(4):481-489.

[158] 谢建新. 我国内河临港产业区规划研究[D]. 长沙:中南大学,2014.

[159] 潘坤友,曹有挥,梁双波. 行政区划调整背景下芜湖市岸线资源的时空演变与优化[J]. 长江流域资源与环境,2013,22(4):418-425.

[160] 段学军,邹辉. 长江岸线的空间功能、开发问题及管理对策[J]. 地理科学,2016,36(12).1822-1833.

[161] 汤放华,汤慧,孙倩,等. 长江中游城市集群经济网络结构分析[J]. 地理学报,2013,68(10):1357-1366.

[162] 虞虎,陈田,陆林,等. 江淮城市群旅游经济网络空间结构与空间发展模式[J]. 地理科学进展,2014,33(2):169-180.

[163] 王珏,陈雯,袁丰. 基于社会网络分析的长三角地区人口迁移及演化[J]. 地理研究,2014,33(2):385-400.

[164] 熊丽芳,甄峰,王波,等. 基于百度指数的长三角核心区城市网络特征研究[J]. 经济地理,2013,33(7):67-73.

[165] 徐长乐. 建设长江经济带的产业分工与合作[J]. 改革,2014(6):29-31.

[166] 钟业喜,冯兴华,文玉钊. 长江经济带经济网络结构演变及其驱动机制研究[J]. 地理科学,2016,36(1):10-19.

[167] 高云虹,王美昌. 中西部地区产业承接的重点行业选择[J]. 经济问题探索,2012(5):131-136.

[168] 张晓堂,吴嵩博. 地区间污染产业承接与转型的区位选择——一个博弈论分析框架[J]. 中南财经政法大学学报,2015(3):131-138.

[169]樊杰.中国主体功能区划方案[J].地理学报,2015,70(2):186-201.

[170]葛全胜,席建超.新常态下中国区域旅游发展战略若干思考[J].地理科学进展,2015,34(7):793-799.

[171]席建超,葛全胜.长江国际黄金旅游带对区域旅游创新发展的启示[J].地理科学进展,2015,34(11):1449-1457.

[172]卢冬生,李敢,雷立.长江中游四省综合交通运输一体化布局研究[J].综合运输,2015,37(3):24-28.

[173]彭智敏.长江经济带综合立体交通走廊的架构[J].改革,2014(6):34-36.

[174]齐天乐.流域经济视角下长江航运发展战略研究[D].成都:四川省社会科学院,2014.

[175]王伟,何明.构建长江经济带综合交通运输体系[J].综合运输,2015,37(3):20-23.

[176]方创琳.中国城市群研究取得的重要进展与未来发展方向[J].地理学报,2014,69(8):1130-1144.

[177]方创琳,等.中国新型城镇化发展报告[M].北京:科学出版社,2014.

[178]黄金川,陈守强.中国城市群等级类型综合划分[J].地理科学进展,2015,34(3):290-301.

[179]方创琳.中国城市发展格局优化的科学基础与框架体系[J].经济地理,2013,33(12):1-9.

[180]王建忠.长江流域防护林生态系统服务功能评估与宏观调控技术研究[D].武汉:华中农业大学,2012.

[181] 杨桂山. 长江水问题基本态势及其形成原因与防控策略[J]. 长江流域资源与环境, 2012, 21(7): 821-830.

[182] 杨桂山. 长江保护与发展报告2013[M]. 武汉: 长江出版社, 2015.

[183] 杨桂山, 徐昔保, 李平星. 长江经济带绿色生态廊道建设研究[J]. 地理科学进展, 2015, 34(11): 1356-1367.

[184] 郑德凤, 张雨, 臧正, 等. 长江经济带经济增长与资源环境的协同效应及其驱动力分析[J]. 资源与生态学报, 2014, 5(3): 203-210.

[185] 樊杰, 刘毅, 陈田, 等. 优化我国城镇化空间布局的战略重点与创新思路[J]. 中国科学院院刊, 2013, 28(1): 20-27.

[186] 徐建辉, 江洪. 长江三角洲 $PM_{2.5}$ 质量浓度遥感估算与时空分布特征[J]. 环境科学, 2015, 36(9): 3119-3127.

[187] 余瑞林, 刘承良, 熊剑平, 等. 武汉城市圈社会经济—资源—环境耦合的演化分析[J]. 经济地理, 2012, 32(5): 120-126.

[188] 吴志军. 长江中游城市群协调发展及合作路径[J]. 经济地理, 2015, 35(3): 60-65.

[189] 马勇, 刘军. 长江中游城市群产业生态化效率研究[J]. 经济地理, 2015, 35(6): 124-129.

[190] 何胜, 唐承丽, 周国华. 长江中游城市群空间相互作用研究[J]. 经济地理, 2014, 34(4): 46-53.

[191] 秦立春, 傅晓华. 基于生态位理论的长株潭城市群竞合协调发展研究[J]. 经济地理, 2013, 33(11): 58-62.

[192] 周克昊, 刘艳芳, 谭荣辉. 长江中游城市群综合发展水平时

空分异研究[J].长江流域资源与环境,2014,23(11):1510-1518.

[193]卢丽文,张毅,李小帆,等.长江中游城市群发展质量评价研究[J].长江流域资源与环境,2014,23(10):1337-1343.

[194]马艳梅,吴玉鸣,吴柏钧.长三角地区城镇化可持续发展综合评价——基于熵值法和象限图法[J].经济地理,2015,35(6):47-53.

[195]王媛,程曦,殷培红,等.影响中国碳排放绩效的区域特征研究——基于熵值法的聚类分析[J].自然资源学报,2013,28(7):1106-1116.